Albert Ritter

Berlin-Bagdad

Neue Ziele mitteleuropäischer Politik

Albert Ritter

Berlin-Bagdad

Neue Ziele mitteleuropäischer Politik

ISBN/EAN: 9783955644352

Auflage: 1

Erscheinungsjahr: 2013

Erscheinungsort: Bremen, Deutschland

@ EHV-History in Access Verlag GmbH, Fahrenheitstr. 1, 28359 Bremen. Alle Rechte beim Verlag und bei den jeweiligen Lizenzgebern.

Berlin–Bagdad

Neue Ziele
mitteleuropäischer Politik.

Von

Dr. K. von Winterstetten.

9. Auflage.

J. F. Lehmann's Verlag, München.
1914.

Vorwort zur 9. Auflage.

Was der weitblickende Verfasser seit Jahren vorausgesagt hat, ist zum großen Teil Wahrheit geworden. Der Kampf des Deutschen Reiches und Oesterreichs mit dem Dreiverband und seinen Genossen wird mit Aufbietung aller Kräfte geführt und auch der Verfasser hat selbst die Feder mit dem Schwerte vertauscht und kann der nötig gewordenen neuen Auflage kein neues Vorwort mehr auf den Weg geben.

Das Ziel, das er uns setzte, ist aber so klar, die Zweckmäßigkeit seiner Vorschläge so sinnfällig und die Warnungen vor den Gefahren, wie der inzwischen ausgebrochene Krieg bestätigt, so berechtigt, daß es sehr zu begrüßen wäre, wenn jetzt, da die Würfel im Rollen sind, die Ratschläge, die der klardenkende Politiker gab, von den verantwortlichen Staatsmännern, wie vom ganzen Volk befolgt würden. Die Vorschläge halten sich in den Grenzen des Erreichbaren und werden voraussichtlich auch zum großen Teil erreicht werden.

Der Verleger.

Einleitung.

Am Schlusse des glorreichen Jahres 1913, das uns Feste und Feiern ohne Ende gebracht hat, kommt noch Fürst Bülow, um das Maß der Freude voll zu machen, indem er uns darlegt, wie klug und erfolgreich die bisherige Weltpolitik des neuen Kurses gewesen sei, die das Deutsche Reich ohne Krieg zum Range einer Weltmacht erhoben habe. Und die Nation vernimmt es mit Stolz und Lust und Dankbarkeit gegen die Lenker ihrer Geschicke.

Weltmacht! Was bedeutet dieses Wort? Ein Reich, das in sich selbst alle weltpolitischen Notwendigkeiten besitzt. Solche sind die Sicherung der Volkswirtschaft durch eigenen Besitz 1. genügender Absatzgebiete, 2. ausreichender Bezugsquellen für die nötigsten Rohstoffe, insbesondere von Erzen und Baumwolle; oder wenn das Reich in einer dieser Beziehungen nicht selbst das Nötige besitzt, so muß es in der andern soviel Ueberfluß haben, daß es sich im Austauschwege (bei Handelsverträgen) das Andere sicher verschaffen kann, ohne in Abhängigkeit zu geraten. Und 3. muß eine Weltmacht auf absehbare Zeiten genügendes Siedlungsland für den Volksüberschuß der herrschenden Nation zur Verfügung haben.

Ist nun das Deutsche Reich in diesem allein zutreffenden Sinne eine Weltmacht? Ganz und gar nicht. Es hat kein gesichertes Absatzgebiet, kein gesichertes Bezugsgebiet von Rohstoffen und kein kultivierbares Neuland in der Welt, sondern nur die Möglichkeit, durch Innenkolonisation 3—5 Millionen und in Afrika 1—2 Millionen, d. i. den Volksüberschuß von 6—10 Jahren, unterzubringen, wovon noch die Rede sein wird.

Vor kurzem hat der amerikanische Austauschprofessor in Berlin, Archibald Coolidge, es uns in dem Buche „Die Vereinigten Staaten als Weltmacht" in dürren Worten gesagt: „Die Lage ist für Deutschland umso peinlicher, da es auf ausländische Absatzgebiete stärker angewiesen ist als die Vereinigten Staaten und der natürliche Reichtum Deutschlands mit dem der Vereinigten Staaten gar nicht zu vergleichen ist. Viele der deutschen Führer sind sich wohl bewußt, daß bei der bevorstehenden Uebervölkerung des verhältnismäßig kleinen und nicht sehr ergiebigen Landes die Nation sich ausbreiten muß, will sie auch fernerhin gedeihen. Die wenigen Kolonien liegen mit der unbedeutenden Ausnahme eines kleinen Teiles Südwestafrikas in der heißen Zone und eignen sich nicht für eine größere Anzahl weißer Ansiedler. Für den Handel mit dem fernen Osten ist Deutschland nicht so günstig gelegen, wie die Vereinigten Staaten, und in China wird die japanische Konkurrenz immer erdrückender. Ein großer britischer Zollbund würde auch den bedeutenden Handel mit den englischen Kolonien bedrohen. In Südamerika, wo die Deutschen sich schon festgesetzt haben, tritt ihrem Siege die amerikanische Konkurrenz in den Weg und die Voraussetzungen für den Erfolg sind durchaus nicht beiderseitig dieselben: die geographische Lage der Vereinigten Staaten ist ungleich günstiger und für Deutschland noch bedenklicher ist sein Mangel an Hilfsquellen. — Als das deutsche Volk aus dem Siegestaumel, der auf die großen Ereignisse der Jahre 1866 bis 1871 gefolgt war, wieder zu größerer Nüchternheit erwacht war, machten sich unliebsame Empfindungen geltend. Man begann zu spüren, daß, so mächtig und herrlich das neuerstandene Vaterland auch sei, es doch klein sei im Vergleich mit dem Umfange der englischen und slawischen Rasse. Mehr und mehr fühlte man, daß etwas geschehen müsse, um die Zukunft zu sichern. Nun gibt es aber nur noch wenige Länder auf der Erde, wo sich Deutsche in solcher Anzahl niederlassen könnten, um dort als neuer Zweig ihrer Rasse weiter zu wachsen, und diese Länder sind von ihren Besitzern und von der internationalen Eifersucht streng bewacht, wie z. B. Australien, Kleinasien, Marokko. Und bezüglich Brasi=

siliens ist es kein Zweifel, daß eine Einmischung Deutschlands in jenem Lande den Krieg mit den Vereinigten Staaten bedeuten würde."

So! Das ist die deutsche Weltmacht im Urteile eines wohlwollenden Gastes aus der Fremde. Wenn wir uns auch selbst zur Weltmacht ernennen, sind wir es deswegen noch lange nicht. Ein kleines, wenig ergiebiges Land, ohne Hilfsquellen, dessen Handel naturnotwendig der unter günstigeren Bedingungen heraufkommenden fremden Konkurrenz allmählich erliegen wird, und ohne Siedlungsland, da der vereinigte antideutsche Welttrust die einzigen noch in Betracht kommenden Gebiete strenge bewacht: also ein Reich, das gerade all das entbehrt, was zu einer Weltmacht gehört: das ist Deutschland.

Von unsern Kolonien sagt selbst Dr. Paul Rohrbach (in dem neuen Werke „Das Jahr 1913"): Unsere afrikanischen Kolonien sind im Vergleich zu den Besitzungen Englands, Rußlands, Frankreichs, Amerikas, bedeutungslos. Mit den Stücken von Afrika, die wir bisher erworben haben, können wir kein Kolonialvolk werden. Von unsern Kolonien gilt das Wort: zum Sterben zu viel, zum Leben zu wenig. Ob es überhaupt möglich sein wird, die große Zukunftsfrage für uns: ob wir den notwendigen territorialen Spielraum zur Entwicklung als Weltvolk erhalten werden oder nicht, ohne die Anwendung des alten Rezeptes „Blut und Eisen" zu lösen, das ist nichts weniger als sicher."

Mit welchem Rechte kann Fürst Bülow dieses Deutschland, das sich also den Platz neben den Weltvölkern erst erkämpfen müßte, heute eine Weltmacht nennen? Natürlich nur mit dem Rechte des Mannes, der seinem eigenen Kinde einen schönen Namen gibt. Offenbar genügt es der deutschen Reichsleitung seit 1890, wenn sie viele Soldaten und Schiffe hat — dann ist sie nach ihren Begriffen in der Welt voran. Der vorläufig noch ansteigende Handel und Nationalreichtum veranlaßt weite Kreise des Volkes zu begeisterter Zustimmung.

Und all das wurde ohne Krieg erreicht! Welches diplomatische Meisterstück! Freilich, es ist Tatsache: England hätte gerne die aufstrebende deutsche Flotte rechtzeitig vernichtet, und hat es doch nicht gewagt. Warum? War die Geschicklichkeit der deutschen Politik Ursache der Zurückhaltung des Feindes? Sehen wir den Gang der Dinge an.

Die englische Eifersucht und der Wille Englands, Deutschland niederzuwerfen, erwachten gegen Ende der 90er Jahre. Aber damals war England isoliert, und es hatte zu befürchten, daß ein Krieg gegen Deutschland auch Russen und Franzosen, die alten Gegner, auf den Plan locken würde. Man erinnert sich doch der Kriegsromane aus dem Anfang des Jahrhunderts, die fast alle mit dem Bunde Deutschland-Rußland-Frankreich gegen England rechneten. In der Tat erfuhren auch die Engländer vom deutschen Kaiser persönlich, daß Rußland und Frankreich ihn als Verbündeten gegen England hatten einfangen wollen (Daily-Telegraph-Interview). Unter solchen Umständen aber führt Old Britain keinen Krieg, vielmehr liebt es seit jeher, Soldaten auf dem Festland zu suchen. Und die Gewinnung dieser Soldaten durch England ermöglicht zu haben, das bleibt allerdings das unsterbliche Verdienst der Kanzlerschaft des Fürsten Bülow. Im Jahre 1905 gelang es dem großen Eduard, das Herz Frankreichs zu finden, und drei Jahre später war eine andere scheinbare Unmöglichkeit möglich gemacht: auch Rußland hatte sich der englischen Erwerbsgenossenschaft angeschlossen, die seitdem Gewinn auf Gewinn häuft. Die Niederlage Rußlands in Ostasien hat den großen Krieg bis 1911 verhindert — der Soldat Frankreich allein wollte dem Freunde nicht gehorchen, sondern um sicher zu gehen, Rußland dabei haben, daher kam es 1905 und 1909 noch nicht zum Kampfe. Erst 1911 war man so weit, da waren England und Frankreich schlagbereit, weil sie bei schwerer Verwicklung auch auf Rußland rechnen konnten. Davon wird weiter unten noch die Rede sein.

Also: in gar keiner Weise ist es ein Verdienst der deutschen Diplomatie, daß die deutsche Flotte ungehindert hochkam, und auch durch die Erbauung der Flotte ist weltpolitisch noch gar nichts erreicht, erst ein Werkzeug für eine erwerbende Weltpolitik geschaffen, die man sich aber schenkte. England hat einfach, wie zu allen Zeiten seiner Geschichte, nicht allein und nicht auf eigenes Risiko den Feind abtun wollen, sondern durch willige Gehilfen — und die stehen ihm erst seit 1911 in der richtigen Verfassung zu Gebote.

Was aber könnte bedauerlicher sein, als daß von maßgebender Stelle aus einer ohnehin weltpolitisch kläglich befähigten Nation eine Meinung von ihrer Weltstellung und ihren Erfolgen in den Kopf gesetzt wird, die zu der Wirklichkeit sich in vollem Gegensatze befindet?

Wie sagte doch Fallmerayer, der große Fragmentist:

„Wir Deutschen sind das einzige Volk, dessen Selbstschätzung mit der Meinung des Auslandes in geradem Widerspruche steht. Während wir uns theoretisch an der eigenen Größe laben, und, von der Majestät germanischen Namens berauscht, an ideale Eroberungen in fernen Zonen denken, verhandelt man in der Nachbarschaft, wer uns das Pensum vorlegen und uns für Kost und Lohn in Dienst nehmen wolle."

In der Tat: solche Verhandlungen schweben heute, während wir uns an dem Buche Bülows über unsere ungeheuren Erfolge entzücken.

Ein zweites Ereignis des Tages, das unserem politischen Verstande das ganz gleiche Zeugnis ausstellt, ist der nach der weitaus überwiegenden Meinung im deutschen Reiche dem Grafen Berchtold geglückte Beweis, daß seine Balkanpolitik „richtig orientiert" gewesen sei. Durch die „Enthüllungen" des „Matin", daß der Balkanbund seine Spitze mehr gegen Oesterreich, als gegen die Türkei, und von Rußland den Auftrag gehabt habe, die Donaumonarchie in den Krieg zu verwickeln, worauf sie von Rußland ebenfalls sofort angegriffen worden wäre; durch die Offenbarung, daß Ferdinand von Bulgarien einen solchen Vertrag gegen Oesterreich unterzeichnet habe und daß Oesterreich durch seine völlige Passivität einem Kriege mit Rußland entgangen sei, wurde die öffentliche Meinung in Oesterreich und Deutschland auf einmal ganz und gar gegen den König Ferdinand eingenommen, ja feindselig gestimmt, und mit großer Freude ob der vermiedenen Kriegsgefahr erfüllt; ja Graf Berchtold wurde nachträglich noch geradezu als Retter des Vaterlandes gefeiert, der wohl gewußt habe, was Rußland plante und sich nicht in die Falle locken ließ.

Eine Nation, ein Staat, die solcher Gedankengänge fähig sind, haben den Beweis vollständiger und hoffnungsloser politischer Unfähigkeit erbracht und können ihrem Schicksal nicht entgehen.

Was der „Matin" enthüllt, stand seit dem Frühjahr 1912 in einer ganzen Menge deutscher Zeitungen und Zeitschriften und wurde von zahlreichen Rednern immer wieder vorgetragen: England und Rußland sammeln die Balkanstaaten zu einem zugleich gegen die Türkei und die Kaisermächte gerichteten Bunde, und werden bei nächster Gelegenheit den Kampf auf dem Balkan losbrechen lassen. Und im November 1913 durfte Graf Berchtold solche Dinge, die längst schon jeder, der lesen lernte, wissen konnte, als bisher sorgsam gehütete diplomatische Geheimnisse offenbaren! In einer Broschüre vom Herbst 1912 „Die Kaisermächte und der Balkan" von Dr. A. Ritter (Stuttgart, Dolges Verlag), ist die Lage des Bulgarenkönigs genau geschildert, der unter dem Druck der Verhältnisse gezwungen war, den gegen Oesterreich und Deutschland noch mehr als gegen die Türkei gerichteten Balkanbundesvertrag zu unterschreiben, der aber dann erst nach Bukarest, Wien und Berlin eilte, um zu warnen und zu mahnen, daß die Kaisermächte nun nicht säumen sollten, selbst die Lösung der Balkanfrage in die Hand zu nehmen. In der „Deutschen Tageszeitung" stand am 18. Oktober 1912 halboffiziös zu lesen, daß Ferdinand diesbezügliche Vorschläge in Berlin gemacht habe, man nahm ihn jedoch nicht ernst und wies ihn ab, verlieh ihm aber zum Troste das 4. Thüringische Infanterieregiment Nr. 72.

Und das, was man schon lange wissen konnte, läßt man sich heute enthüllen und läßt sich aufhetzen gegen König Ferdinand, der durch 25 Jahre es bewirkte, daß ein Volk, das von Rußland als selbstverständlicher Vasall angesehen wurde, doch eigentlich unabhängig arbeiten konnte, der stets befürchten mußte, wenn er wegen seiner Neigung zu Oesterreich einmal Rußlands Zorn zu stark errege, von Wien im Stiche gelassen zu werden — welches Schicksal er nun im Ernstfall doppelt und dreifach erfahren hat.

Blind und schmachvoll zugleich ist das Verhalten der öffentlichen Meinung in Oesterreich=Ungarn und Deutschland gegen den Bulgarenkönig, der zweifellos einer der bedeutendsten Staatsmänner der Gegenwart ist, und der ins Unglück stürzte, weil er glaubte, Oesterreich könne ihn bei einem Kriege gegen Serbien unmöglich im Stiche lassen. Im Sommer 1912 hatte man ihn in Wien nicht geglaubt, als er die Absichten des Balkanbundes geoffenbart hatte, weil man überzeugt war, das Konzert der Großmächte werde an dem feierlich beschworenen Status quo nicht rühren lassen. Im Frühjahr 1913 aber mußte König Ferdinand doch denken, daß man nun in Wien glauben gelernt habe, da das neue Großserbien schon aufgerichtet stand, und daß man die Gelegenheit nicht versäumen werde, wenn er selbst Serbien angreife, es von der andern Seite zu fassen und unschädlich zu machen. Aber er erreichte nichts als die Zusage, daß man Rumänien von einem Einmarsch zurückhalten werde — und auch darin wurde er getäuscht. So mußte ein Zusammenbruch der königlichen Politik erfolgen.

Man stelle es sich lebhaft vor: Zar Nikolaus kehrte von der Berliner Friedenshochzeit, bei der nach allen Meldungen auch ein volles Einverständnis über die großen politischen Fragen zwischen den Herrschern erzielt worden war, nach Petersburg zurück und erließ sofort seinen (demnach in Berlin beschlossenen!) Ukas an die streitenden Balkankönige, der sie wie ungehorsame Bediente zur Ruhe wies. Hätte da nicht Oesterreich voll Empörung auffahren müssen, da Rußland sich glatthin als neuen Herrn des Balkans ankündigte, hätte es nicht die nun vollzogene Umklammerung noch im letzten Augenblick sprengen müssen um des nackten Lebens willen! Oesterreich tat es nicht. König Ferdinand aber vertrat allein die Sache Mitteleuropas, als er sich dem Machtgebot Petersburgs nicht fügte und gegen die Serben los=

schlug, die Bulgarien um den Lohn seiner Siege, die allein entscheidend gewesen waren, verkürzen wollten.

Nun bezeichnet man es als die Enthüllung furchtbarer Intriguen, wenn authentisch offenbar wird, daß der Balkanbund und der Balkankrieg ihre Hauptrichtung gegen Oesterreich hatten! Und doch hat im Herbst 1912 das schon Jedermann gesehen: denn, was war die Eroberung des Sandschaks durch Serbien anderes, als die denkbar äußerste Herausforderung Oesterreichs zum Kriege? Serbien hätte ja toll sein müssen, sich eine Großmacht gewaltsam auf den Rücken zu ziehen; das war nur dadurch erklärlich, daß es im fremden Auftrage Oesterreich zum Vorgehen zwingen sollte. Sobald dann ein österreichischer Soldat die Grenze überschritt, kamen Rußland, Deutschland, Frankreich, England hintereinander auf den Plan.

War das eine „Intrigue"? Das war die denkbar einfachste Sache der Welt. Der Balkanbund hatte die schriftliche Zusicherung, daß Rußland sofort eingreifen werde, wenn Oesterreich oder Rumänien die Serben oder Bulgaren bei ihrem Vorgehen gegen die Türkei hindern wollten. Und darauf rechnete man mit absoluter Sicherheit: daher die russische Mobilisierung, der Aufmarsch der französischen Flotte im Mittelmeer, der englischen in der Nordsee.

Und hinterher wird Graf Berchtold bewundert, weil er trotz dieser Intrigue den Frieden zu bewahren verstand. Er, der einfach immer zurückwich, so daß er nicht zu fassen war.

Er vollbrachte das gleiche Kunststück, das die deutsche Politik verüben würde, wenn sie ruhig zusähe, wie England und Frankreich in Belgien und Holland einfallen und das Land in Besitz nehmen würden, und wenn sie sich nachher rühmen würde, sie habe hinter dieser Sache gleich eine gegen Deutschland gerichtete Intrigue erkannt, der sie aber schlauerweise entgangen sei.

Aber Graf Berchtold wird ob dieses Kunststückes in allen Blättern Oesterreichs und Deutschlands belobt und geradezu als Retter des Vaterlandes gefeiert.

Ebenso wird die europäische Diplomatie gefeiert, die trotz dieser Intriguen mittels der Londoner Konferenz den Frieden noch rettete. Das tat aber doch die gleiche Diplomatie, die selbst jene Intrigue gesponnen hatte, die russische, englische und französische! Warum?

1. Weil sie bemerkt hatte, daß Oesterreich und Deutschland sich die Einkreisung ruhig gefallen ließen. Daher hob man den Krieg einstweilen auf, um im Frieden die Einkreisung luftdicht zu machen.

2. Weil ihr das Unerwartete gelungen war, auch Rumänien von den Kaisermächten abzuziehen, was nun auch im Frieden noch weiter ausgearbeitet werden mußte.

3. Weil sie durchaus nicht wollte, daß Italien an der Seite Oesterreichs um Albaniens willen in den Kampf gehe. Man zog es vor, diesen Kriegsgrund für Italien wegzuräumen, und errichtete den Staat Albanien. Der kann dann bei nächster Gelegenheit ein lockender Köder sein, den man Italien für seine Neutralität oder noch mehr anbietet.

Man wagt heute von der Seite her, die das Deutschtum erwürgen will, Alles. Da kann Bresnitz von Sydakoff in einer Schrift „Hinter den Kulissen des Balkankrieges" allen Ernstes der österreichischen Regierung vorschlagen, daß Bulgarien zwischen Rumänien, Serbien und Griechenland geteilt werden solle, „daß man die Expansionslust Serbiens nach Mazedonien und Thrazien ablenken möge, um es der Donaumonarchie zu verpflichten!" So etwas heißt allerdings Intrigue. Man soll den einzigen Staat am Balkan zerschlagen, der nicht auf Rußlands Befehl hört, um den gegen Oesterreich gerichteten neuen Balkanbund zu stärken. Endziel: ein Großserbien von Dedeagatsch bis Klagenfurt! Als ob ausdehnungslüsterne Staaten durch eine Abfindung je an der Erstrebung der eigentlichen Ziele gehindert, nicht vielmehr durch jede Stärkung noch zu weiteren Taten angetrieben worden wären! Aber die österreichische Presse bejubelt diesen Vorschlag, weil Bulgarien als beispiellos tückischer Falschspieler entlarvt worden sei. Weil es in Wirklichkeit stets tat, was es mußte und Oesterreich immer rechtzeitig warnte und veranlassen wollte, seiner Selbsterhaltungspflicht zu genügen. —

Nun, wie es um Oesterreich heute steht, mag uns „**Danzers Armeezeitung**" sagen:

„Bis zum Jahre 1912 brauchten wir nach der Seite des Balkans nur mit den Kräften eines moralisch und militärisch nicht hoch taxierbaren Serbiens zu rechnen und mit einigen schlecht organisierten montenegrinischen Freischaren.

Jetzt haben sich aber die Dinge sehr bedeutend zu unserm Nachteil geändert, zumindestens so, daß wir in der Zukunft zum Schutze unserer südöstlichen Grenzen die doppelte Zahl von Bataillonen nötig haben, als vor der letzten Konflagration. Bis zum Jahre 1912 durften wir bei einem Kriege mit Rußland die fünf rumänischen Korps in u n s e r e militärischen Rechnungen einstellen. Diese fünf Korps, und dies ist wirklich nicht wenig, sind uns jetzt verloren gegangen, ja, wenn Rumänien seine Begehrlichkeit nach den siebenbürgischen Komitaten noch mehr betonen sollte, dann müßten wir die **doppelte** Anzahl von Korps (10!) auf unser Verlustkonto setzen. **Wer bliebe uns aber dann für den Kampf gegen Rußland noch übrig?**"

Und Samassa sagt in seiner vortrefflichen Zeitschrift „**Deutsch-Oesterreich**":

„Wenn die ganze österreichisch-ungarische Armee an der Südfront der Monarchie aufmarschieren muß, so bleibt für den Norden nichts übrig und für das Deutsche Reich wird das Bündnis mit Oesterreich wertlos. Dann ist der Augenblick naturnotwendig gekommen, wo das Deutsche Reich, wenn es nicht seine Existenz aufs Spiel setzen will, keine Gefühlsbedenken mehr daran hindern dürfen, seine Politik neu zu orientieren **und sich mit Rußland über die Aufteilung Oesterreichs zu verständigen**, wobei es ohne weiters die Bundesgenossenschaft Italiens, Rumäniens und auch Serbiens finden würde."

In der Tat: die Grenzwacht gegen Rumänien (3 Korps), Groß-Serbien-Montenegro (4 Korps) und gegen Italien, dessen innigste Freundschaft noch kein Recht zur Entblößung der Grenze gibt (2—3 Korps), beansprucht heute 11—12 von den 16 österreichischen Armeekorps. Das heißt: wenn Oesterreich von Rußland angegriffen wird, hat Deutschland die ganze Last des Kampfes gegen Osten zu tragen. Es steht nahezu allein mit 25 Armeekorps gegen 60 russisch-französische. So ist die Lage heute beschaffen.

Italien ist durch die ungeheuerlich überlegene Seemacht der Dreiverbandgruppe im Mittelmeer völlig außerstand gesetzt, in einen Krieg gegen dieselben einzutreten. Das sagt sogar die deutsche Regierungsbroschüre „Deutsche Weltpolitik und kein Krieg". Es gedenkt ohnehin, wie einige seiner Blätter freimütig gestehen, die Neutralität zu wählen: denn, wenn Deutschland gegen Frankreich siegt, so steigt Italien von selbst zur Vormacht im Mittelmeer auf, wenn aber Italien an der Seite Deutschlands geschlagen würde, so wäre seine Stellung gänzlich vernichtet.

Von Rumänien aber sagt ein Bukarester Brief in „Deutsch-Österreich": „In Rumänien ist jetzt immer nur von Siebenbürgen und der Bukowina die Rede, nie aber von Bessarabien. Das hat nun wohl seinen Grund darin, daß man eine Befreiung der Brüder in Bessarabien für aussichtslos und Rußland für zu stark hält, während sich von Oesterreich die Meinung immer mehr verbreitet, daß nun nach der Türkei seine Aufteilung demnächst an die Reihe kommen soll."

Glaubt man in Deutschland solchen Stimmen der maßgebendsten Sachverständigen und Zeugen? Nimmermehr, da glaubt man lieber Sasonow, wenn er von der Unterredung mit Grey zurück durch Berlin reist und 8 Tage vor Ausbruch des von Rußland vorbereiteten Balkankrieges zusichert, der europäische Himmel sei völlig wolkenlos und namentlich der Balkan eine unzerstörbare Idylle. Und nach Sasonow kam 1913 Kokowzew mit dem gleichen Erfolge, und wenn englische Friedensherolde kommen, glaubt man ihnen und bejubelt sie auch, obwohl gleichzeitig die englische Presse „das Ende der deutschen Weltpolitik" (als Folge der von England herbeigeführten Umklammerung Deutschlands durch das Slawentum) verkündet!

Allein, mag auch eine Verblendung, wie sie vor 1806 durchaus nicht schlimmer war, jetzt das ganze deutsche Volk befallen haben: noch ist es schließlich Tag und noch ist es nicht zu spät, den Weg zu finden, der aus der nun lückenlos gewordenen Einkreisung herausführt. Erst wenn Schüsse fallen, erst wenn die Würfel rollen, ist es zu spät. Wenn Oesterreich und Deutschland unter den heutigen Verhältnissen zum Kriege gezwungen werden, so ist der Zusammenbruch beider Reiche unausbleiblich.

Aber noch lassen sich die Verhältnisse ändern. Mit dem Dreiverband, der hart vor dem Ziele seiner Wünsche steht, wird eine Verständigung nicht erfolgen, jede Verhandlung ist darauf berechnet, uns irrezuführen. Möglich jedoch ist die Bildung einer Interessengemeinschaft: Berlin-Bagdad, die Aufrichtung eines Bundes von Staaten quer durch Mittel- und Südosteuropa, die doch alle selbständig sein wollen, aber ihre Selbständigkeit, wenn sie die Lage recht überdenken, nur durch den engsten Zusammenschluß retten können.

„In Europa haben nur England und Rußland eine Zukunft" hat Karl Dilke gesagt. Noch ist den Völkern der Mitte des Erdteils eine Frist gegeben, dieses Wort zu überdenken und sich davor zu retten, daß sie sich der Gnade und dem Schutze entweder Englands oder Rußlands ergeben oder der Zertrümmerung verfallen müssen.

Die Frage, ob nicht das Deutsche Reich am besten täte, einfach die alten Bundesländer Oesterreichs vor der drohenden Slawisierung zu retten und sich einzuverleiben, das übrige aber seinem Schicksal zu überlassen, diese sehr alte Frage ist seit dem letzten Herbst sehr häufig hervorgeholt und zumeist bejaht worden.

Und doch ist es durchaus und ganz sicher falsch, sie zu bejahen, denn bei einer Teilung Oesterreichs verlöre Deutschland viel mehr als es gewänne.

Allerdings hat Samassa mit Recht betont, daß gerade jetzt das Deutsche Reich den Gedanken der Aufteilung erwägen müsse,

da die Donaumonarchie heute lediglich eine furchtbare Lebens=
gefahr, aber keinerlei Stütze für den Bundesgenossen bedeutet.
Jedoch auch Samassa fügt hinzu, daß die Teilung die allerbe=
dauerlichste Notwendigkeit wäre und daß sich die Stellung des
Deutschen Reiches durch sie ungeheuer verschlechtern würde.

Man darf mit Samassa annehmen, daß alle Nachbarn Oester=
reichs: Rußland, Italien, Rumänien und Serbien sofort zu dem
Geschäft bereit wären und daß Oesterreich nicht einmal großen
Widerstand leisten, sondern sofort zusammenbrechen würde. Wenn
auch die Deutschösterreicher zum Kampfe bereit wären — von
den andern Stämmen wäre es wahrscheinlich keiner.

Ja, es ist auch zu glauben, daß England und Frankreich
gegen den Block aller Mittel= und Ostmächte nichts würde unter=
nehmen können.

Aber nun die Frage: würden die Slawen slawische Gebiete
an Deutschland fallen lassen oder müßten sie im Namen der
slawischen Solidarität Böhmen freimachen und die Slowenen mit
den Serbokroaten vereinigen?

Es ist so gut, wie sicher, daß sich weder Tschechen noch
Slowenen an das Deutsche Reich anfügen ließen, daß sie sich
bis aufs äußerste wehren würden, auch wenn Rußland sie preis=
gäbe, und daß dann doch aus der Verwirrung der große Krieg
Aller gegen Deutschland hervorwüchse.

Wenn aber das Deutsche Reich freiwillig auf die Sudeten=
länder (eine Teilung Böhmens in einen unabhängigen tschechischen
und einen reichsdeutschen Teil wäre kaum durchführbar, ohne
daß wiederum das ganze Slawentum sich dagegen auflehnen
würde) und auf Südösterreich Verzicht leistet, so verliert es eben
Böhmen, dessen Besitz, wie Bismarck sagte, allein die Herrschaft
über Europa sichert, und die Küste der Adria, ohne die das übrige
Oesterreich politisch und wirtschaftlich fast wertlos ist. Durch die
böhmische Lücke in zwei Teile gespalten hätte das Deutsche Reich
dann in größtem Maßstab jene Schwierigkeiten zu fühlen, die Bis=
marck immer wieder vom großdeutschen Gedanken abschreckten.

Also: bei der Teilung würde Deutschland die Sudetenländer und Südösterreich gewiß nicht erhalten und erhöbe es Ansprüche darauf, so wäre ein Krieg gegen alle die Folge.

Ohne Prag und Triest aber wäre die Einverleibung österreichischer Länder kein Gewinn, sondern eine Schwächung für das Reich.

Ferner wäre die endgültige Preisgabe der 2½ Millionen Deutschen in Ungarn und im Süden ein schmachvoller Verrat am eigenen Blut. Und es handelt sich da um einen der hoffnungsvollsten Zweige unseres Volkstums.

Im Südosten entstünden einige Staaten von 8—12 Millionen Einwohnern, von denen keiner stark genug ist, die Führung zu übernehmen, so daß ein Kampf Aller gegen Alle einsetzen würde, bis Rußland die Führung übernimmt, das Gesamtslawentum, (mit Anhang 200 Millionen stark) Südosteuropa beherrscht und das deutsche Gesamtvolk in seinem Winkel zum Ersticken einschnürt.

Eine Beherrschung des Südostens seitens Deutschlands ist nach der Zerschlagung Oesterreichs nicht mehr möglich, da in den neu „befreiten" Ländern eine wahre Orgie des Deutschenhasses ausbrechen würde, um im Triumph der Selbständigkeit alle Spuren früherer deutscher Einflüsse zu verwischen, und die deutschfeindliche und mißtrauische Strömung würde, genährt von allen unseren Widersachern, vorwiegend bleiben, da man sich eben nicht mehr „unterdrücken" lassen will.

Also von dem Landweg nach Kleinasien, auf dem allein wir in unser Zukunftsland gelangen könnten, ist dann keine Rede mehr, ja mit Triest ginge die tausendjährige Stellung Deutschlands am Mittelmeer für immer verloren. Man darf eben nie vergessen, daß 150 Millionen Slawen und 100 Millionen Romanen zusammen mit England in dem Willen einig sind, unsere Macht nicht in das Mittelmeer und nach Asien sich ausdehnen zu lassen.

Glücklicherweise sind es nun Oesterreich und seine Dynastie, die um ihres Fortbestehens willen das Gleiche tun und anstreben müssen wie das Deutsche Reich. Heinrich Friedjung betont schon langher immer aufs neue: der Landweg zum ägäischen Meer und nach Kleinasien ist die gemeinsame Lebensfrage beider Kaiserreiche.

Es ist eben eine Anstrengung, eine Umwälzung des politischen Denkens, die wir aber heute unbedingt leisten müssen, alle, die in Wien wie die in Berlin im Sinne des Daseinswillens Politik machen:

Die Gegenwart ist über die Begriffe „Deutsches Reich" und „Oesterreich-Ungarn" schon hinausgewachsen. Alle wirtschaftlichen und politischen Verhältnisse fordern auf Tod und Leben die Verkörperung des Begriffes

Mitteleuropa.

Mitteleuropa als unlöslicher weltpolitischer und wirtschaftlicher Schutz- und Trutzbund in sich unabhängiger und freier Staaten.

Entweder wachsen oder verkümmern wir, sind Hammer oder Amboß — gehen mit der Zeit oder in die Rumpelkammer!

Großrußland, Weltbritannien, Allamerika — was soll ein kleindeutsches Reich, ein österreichisches Chaos daneben bedeuten! Aber ein rasch und lebensfähig organisiertes Mitteleuropa, das steht ebenbürtig, ja zur Führung berufen neben den Weltmächten.

Berlin=Bagdad.

I.

Das im Frühjahr 1912 erschienene Buch „Der deutsche Gedanke in der Welt" von Paul Rohrbach stellt so ziemlich den stärksten Ausdruck des deutschen Willens zur Ohnmacht dar. Es kommt nach einer langen Schilderung, was wir Deutsche für gewaltige Anlagen und Aufgaben hätten, und wie stark wir eigentlich wären, wenn wirs nur wüßten, zu dem verblüffenden Schlusse: aus all diesen Gründen dürften wir keinerlei Herrschgebiet in der Welt anstreben. Wir müßten uns begnügen, den „deutschen Gedanken" zu verbreiten, d. h. deutsche Geisteserzeugnisse, Bücher, Zeitungen, Schulen, Waren, Kapitalien, also in größerem Maßstabe das Gleiche tun, wie etwa im Altertum das spätgriechische und heute das jüdische Volk. „Wir müssen den Gedanken der nationalen Ausdehnung, von dem unsere Lebensfähigkeit als Weltvolk schlechthin abhängt, in der Weise verwirklichen, daß wir uns erst zu Lande und zu Wasser eine Massenrüstung von so überragender Stärke schaffen, daß niemand uns anzugreifen wagt, und in ihrem Schutze dann an der Erreichung des friedlichen Zieles arbeiten, die uns zugänglichen Gebiete der Welt mit dem geistigen Gehalte unseres Volkstums zu durchtränken." Die Welt zu bebauen, sind also die Nigger und die Kulis da. Der beste Urbarmacher der Welt kommt in das Museum der Weltgeschichte.

In diesem Buche nun, das gewiß die entschiedenste Verneinung jeder deutschen Machtpolitik ausspricht, sind gleichwohl folgende Ausführungen zu lesen:

„Eine moderne Armee kann ohne Schwierigkeit den Weg (von Konstantinopel) über Anatolien nach Aegypten zurücklegen, und aus dieser Quelle stammen Englands

Schmerzen in der heutigen Orientpolitik. Aus ihr stammt seine langjährige Verhinderungspraxis in der Bagdad= bahnfrage, aus ihr stammt auch das Bestreben, durch die Ein= beziehung Arabiens, des syrischen Vorlandes und der Gebiete am Euphrat und Tigris zugleich eine Deckung für Aegypten und die Landverbindung vom Nil bis zum Indus herzustellen. Die Eisenbahnlinie von Kairo bis Kalkutta bildet für die englischen Zukunftshoffnungen das Seitenstück zu der von Kairo nach Kap= stadt. Willcocks hat den Plan aufgestellt, dieses Land mit englischem Gelde und englischer Technik wieder zur Kultur zurück= zuführen und es mit mohammedanischen Untertanen Englands zu besiedeln."

„Die deutsch=türkische Bagdadbahn, die vom Bosporus durch ganz Kleinasien bis nach Bagdad laufen wird, ist dazu bestimmt, die entfernteren Reichsteile mit dem türkischen Küstenzentrum in Anatolien und mit Konstantinopel zu verknüpfen. Sobald der Bau in etwa zwei Jahren (1914) Aleppo erreicht haben wird, ist die Verbindung mit dem syrisch=arabischen Bahnsystem her= gestellt. Damit würden die Dinge so weit sein, daß England, falls es die Türkei selbst oder eine am Bestande der Türkei unmittelbar interessierte dritte Macht angreift, mit der Möglichkeit eines türkischen Gegenangriffes auf Aegypten zu rech= nen hätte."

„Es versteht sich von selbst, daß weder Deutsch= land noch Oesterreich einer Niederwerfung der Türkei friedlich würden zusehen können. Die Vernich= tung der Türkei würde das europäische Gleichgewicht in einer solchen Weise zugunsten Englands und seiner Teilhaber ver= schieben, daß die von der Einkreisung betroffenen Mächte geradezu einen Schlag gegen die Grundlagen ihres poli= tischen Großmachtdaseins erhielten. Deutschland kann aus un= mittelbarem Lebensinteresse keinesfalls die Möglich= keit zunichte werden lassen, einem englischen Ueberfall in der Nordsee mit der Türkei vereint im Orient zu begegnen, und Oesterreich-Ungarn würde durch die Zugehörigkeit beider Ufer des Adriatischen Meeres zu Italien und die gleichzeitige Aufteilung der Balkanhalbinsel unter die von Rußland und den Westmächten kontrollierten kleineren Staaten auf das Schwerste verwundet werden, denn es besäße dann überhaupt keinen Ausgang zum Weltverkehr mehr, der von fremdem Ermessen unabhängig wäre. **Für uns wie für die Oesterreicher wäre also der absolute Kriegsfall gegeben**, und zwar ein Kampf nicht nur gegen zwei Fronten (England, Rußland) sondern gleichzeitig nach drei Fronten, denn die Hoffnung, Elsaß-Lothringen wiederzuerlangen, bildet ja bei den Franzosen neben Marokko den Hauptanreiz zur Gefolgschaft für die englische Einkreisungspolitik."

So schrieb Rohrbach (der, solange man eine entschlossene Miene zeigte, auf das Entschiedenste für die Fernhaltung der Franzosen aus Marokko eintrat und nachher den Kongovertrag mit Begeisterung verteidigte), noch im Frühjahr 1912, offenbar in der festen Ueberzeugung, diesmal von der amtlichen Politik nicht Lügen gestraft zu werden. Und siehe: ein halbes Jahr später hatten das Deutsche Reich und Oesterreich auch dieses **unmittelbare Lebensinteresse**, die Freihaltung der Adria und des Landweges nach Vorderasien, vergessen und waren über den absoluten Kriegsfall wiederum glücklich hinweggelangt.

Aber die Tatsache bleibt bestehen, daß Rohrbach ein halbes Jahr vor dem Zusammenbruche der deutsch-österreichischen Orientpolitik die ganze Bedeutung der türkischen Frage vor der deutschen Oeffentlichkeit vollkommen richtig kennzeichnete, daß also Regierung und „Untertanen" von einem Kenner der Sachlage den klaren Leitgedanken für die Behandlung des bald nachher auftauchenden Problems empfangen hatten. Im April 1913 aber, als der Reichstag sich mit der ersten Folgewirkung der eingetretenen Veränderungen, der großen Wehrvorlage, zu befassen hatte, da war von einer Erinnerung an jene Leitgedanken, von einem Verständnis für die Bedeutung der Balkanvorgänge auch nicht eine Spur zu entdecken, weder in den Reden der Regierungsvertreter, noch der Abgeordneten und vor allem auch nicht in der Presse.

Im Gegenteil: laut rühmte der Kanzler die herrliche Errungenschaft, daß das Deutsche Reich im Verlaufe der Orientkrisis sich dem edlen, selbstlosen England anzunähern vermocht habe, laut pries er Greys huldvolle Gesinnung und unerschütterliche Friedensliebe, die es auch der deutschen Regierung ermöglichte, treu zu ihrem österreichischen Bundesgenossen stehend, die Gefahren und Klippen, die den europäischen Frieden bedrohten, glücklich zu umschiffen. Und siehe: Alles ist einig in dem Lobgesang auf das geschehene Wunder, daß es uns gelang, das Herz Englands zu finden; die Vertreter und die Blätter aller Parteien ermahnten den Kanzler, auch weiterhin klug und zielbewußt das schöne Vertrauensverhältnis zu England zu pflegen:

zu England, das noch jeden seiner Freunde schmählich hintergangen hat, das im Laufe der Geschichte Frankreich und Rußland, die Türkei und Spanien, Portugal, Holland und Dänemark rücksichtslos vergewaltigte, und jetzt in einigen kurzen Monaten mit dem einzigen Aufgebote einiger Redensarten und diplomatischen Noten dem Deutschen Reiche und Oesterreich eine der größten Niederlagen, wenn nicht die größte beigebracht hat, die sie im Verlaufe ihrer ganzen Geschichte erleiden mußten.

Innerhalb eines halben Jahres hat die Weisheit der deutschen, österreichischen und türkischen Politik den englischen Feind von allen seinen Sorgen um Aegypten und Vorderasien befreit, ihm freie Hand gegeben zu allen seinen Plänen, und mit eigener freudiger Mitarbeit den Ring, den König Eduard noch nicht fertig gebracht hatte, vollenden geholfen.

„Einkreisung" — Paul Rohrbach hat das Wort für die heutige Lage vor einem Jahre schon angewendet. Mit dem

Eintritte des Balkans in den Machtbereich des Dreiverbandes wäre der Ring um die Kaisermächte geschlossen, das letzte Tor ins Freie, das im Südosten noch offen stand, gesperrt. Erkennen auch jetzt die Kaisermächte noch nicht, daß sie England und Rußland in kurzsichtigem Festhalten an ihrer angeblichen Friedensmission den Schlüssel zur letzten Türe freiwillig in die Hand drückten?

Wie verlief doch die Politik Englands gegen Deutschland in den letzten acht Jahren?

Noch vor wenigen Monaten hat niemand daran gezweifelt, daß der Dreiverband den Krieg gegen den Dreibund unter den passenden Umständen aufnehmen werde, daß England die Seele dieses Bundes sei, den nichts anderes als die Feindschaft gegen uns zusammenhält, daß es am liebsten eine Lage schaffen würde, die es ihm ermöglicht, uns durch Frankreich und Rußland lahm zu legen, um dann selbst das Haupterbe der Türkei einstecken zu können.

Ein großer Aufklärungszug aller nationalen Verbände hat im Winter 1911/12 alle Schichten der Nation darüber belehrt, daß England als Todfeind zu betrachten und am meisten zu fürchten sei, wenn es uns mit freundlicher Miene nahe. Die Nation hat es auch geglaubt. Die Haldanesche Versöhnungskomödie, die den Ausbau unserer Flotte verhindern sollte, hatte auch den Biedersten mißtrauisch gemacht.

In wenigen Jahren spielten sich die bekannten fünf Fälle ab, in denen England die Kriegsgefahr bis hart vor den Ausbruch trieb: und jedesmal, wenn sein Anschlag mißglückt war, trat es mit Berlin wieder in die denkbar herzlichsten Beziehungen.

1905 traf König Eduard mit Delcassé die große Abrede, er werde 100000 Mann in Schleswig-Holstein landen lassen. Da hat im letzten Augenblicke die Regierung von Frankreich versagt, weil sie die Ueberzeugung bekam, daß England gar nicht in der Lage war, sein feierliches Versprechen einzulösen.

1909 haben englische Aufwiegeleien die Serben zu den unerhörtesten Herausforderungen Oesterreichs angehetzt; diesmal gab Rußland das Zeichen zum Rückzuge. Alexander v. Peez hat den Beweis für die englische Arbeit in diesem Falle lückenlos geliefert.

1911 warf in der Auseinandersetzung wegen Marokkos England ganz unvermittelt in rücksichtslosester Anmaßung sich zum Anwalt Frankreichs auf. Deutschland steckte die Demütigung ein, weil es angeblich ohnehin nichts gewollt hatte. Es kann nachträglich keine größere Beleidigung Deutschlands geben, als wenn nun die englischen Minister sagen, sie hätten nie an einen Krieg geglaubt.

1911 machte Italien den Ueberfall auf die Türkei, auf die ungeheure Gefahr hin, daß die Serbenstaaten die Gelegenheit benützen würden, die Balkanfrage ins Rollen zu bringen. England, mit dessen Zustimmung Italien handelte, hat diese Verwickelungen natürlich herbeiführen wollen. Als aber Oesterreich eine drohende Haltung einnahm, wagte Italien den Angriff auf die europäische Türkei nicht und weitere Verwicklungen unterblieben;

1912 bildete sich der Balkanbund, wie aus den Kundgebungen Sasonows anläßlich der Skutarifrage auch für den Blindesten deutlich wurde mit Billigung und auf Anregung des Dreiverbandes.*) Nach dem Besuche Poincarés in Petersburg und Sasonows in Balmoral, schlug er gegen die Türkei los und Serbien versuchte geflissentlich, mit den äußersten Mitteln Oesterreich zum Eingreifen zu zwingen. Serbiens maßlos herausforderndes Vorgehen gegen Oesterreich wäre unverständlich gewesen, wenn es nicht im höheren Auftrage gehandelt hätte. Wie konnte sonst das kleine Land es geflissentlich darauf anlegen, einen gewaltigen Feind auch in den Rücken zu bekommen, während es mit der Türkei den Krieg eröffnete? So sicher, als kein einziger Mensch in Europa es für möglich gehalten hätte, daß die Donaumonarchie einer Aufteilung der Türkei tatlos zusehen würde, so sicher haben

---

*) Das war um Monate früher geschrieben, als die Enthüllungen des Matin über die russische Gevatterschaft beim Balkanbunde die deutsche Oeffentlichkeit überraschten!

natürlich auch die Dreiverbandmächte auf den sofortigen Einmarsch Oesterreichs im westlichen Balkan gerechnet, und für diesen Fall hatte Rußland die Probemobilisierung ja schon um Monate früher begonnen, England in der Nordsee sich schlagfertig gemacht und Frankreich seine Flotte im Mittelmeer zusammengezogen. Die Rechnung war glatt: Oesterreich mischt sich ein und wird von Rußland gefaßt, Deutschland kommt dem Bundesgenossen zu Hilfe und gibt damit Frankreich und England das Zeichen, von Westen und Nordwesten hereinzubrechen. Da versagte sich wider alles menschliche Ermessen O e st e r r e i ch dem Spiele, und der europäische Zusammenstoß unterblieb.

Nacheinander haben Frankreich, Rußland, Deutschland, Italien und Oesterreich im entscheidenden Augenblicke zurückgehalten — die Rolle des Versagers ist also schön reihum gegangen.

Hat der Dreibund als solcher jemals bei diesen fünf allbekannten, bis hart vor den Ausbruch gesteigerten, Krisen den europäischen Frieden gerettet? Nie. Nicht in einem einzigen Falle.

1905 in der Marokko-Algeçiras-Angelegenheit stand Italien, vertragsmäßig gebunden, auf der Gegenseite. 1909 hat Italien gegen den österreichischen Bundesgenossen mobilisiert und Torpedoboote nach Pola geschickt. 1911 war das Deutsche Reich von beiden Verbündeten verlassen und konnte nur durch seine Nachgiebigkeit den Krieg aufhalten. 1911 unternahm Italien den Ueberfall trotz der Gefahr, daß Oesterreich zum Schutze der Türkei hätte eintreten müssen, wenn die Serben unruhig geworden wären — die beiden Verbündeten hätten sich also wieder als Feinde gegenübergestanden. 1912 lag, wie niemand bestreiten kann, an Oesterreich, das sich auch das Aeußerste an Herausforderungen gefallen ließ, der einzige Grund, weshalb der allgemein erwartete große Krieg nicht ausbrach.

Ja, aber die Haltung Italiens im Verlaufe des Balkankrieges war doch völlig einwandfrei und vertragstreu, heißt es.

Nun, zur eigentlichen Probe, was nämlich Italien bei einer wirklichen Verwicklung Oesterreichs getan haben würde, ist es ja nicht gekommen*) — was hat es aber durch seine Friedenspolitik an der Seite des Verbündeten erreicht?

Es hat erreicht, was nur in seinen Wünschen stehen konnte: den Verzicht Oesterreichs auf eine aktive Balkanpolitik. Nach allem, was bekannt wurde, mußte Graf Berchtold als Abgesandter seines Kaisers in San Rossore und Pisa den Italienern geradezu den Antrag stellen, daß Oesterreich gegen eine sofortige Erneuerung des Dreibundes den Verzicht auf die Angliederung von Balkangebieten, (den der famose Aehrenthal, der Zerstörer der österreichischen Zukunft, schon freiwillig ausgesprochen hatte), wiederholen und feierlich bekräftigen wolle. Gegen dieses Angebot konnte San Giuliano allerdings seine Unterschrift hergeben — er gewann dadurch mehr, als Italien mit Sicherheit von einem Kriege gegen Oesterreich erhoffen konnte. Man weiß heute auch, daß 1909 der Verzicht auf das Sandschak unter dem Drucke Italiens erfolgte.

Oesterreich hat nun Serbien zwischen sich und Saloniki, und Montenegro und ein aufgewühltes Dalmatien-Bosnien zwischen sich und Albanien gelegt, dessen staatliche Selbständigkeit der größte Gewinn für Italien ist. Nur 70—80 Kilometer trennen Otranto von Valona, Oesterreich aber ist durch einen Wall von Todfeinden von seinem einstigen Schützling geschieden. Im Falle eines Krieges kann Italien das Gegenufer mit Leichtigkeit besetzen und die Straße von Otranto sperren, **Oesterreich hat dann keinen offenen Seeweg mehr.****) Wäre Albanien den **Serben** zur Beute gefallen, dann hätte auch Italien die Aussicht auf dieses sein altes Ziel verloren, jetzt hat Oesterreich

---

*) Der Jubel in ganz Italien, als die Möglichkeit einer Besitzergreifung Valonas winkte, beleuchtete auf das klarste den eigentlichen Sinn der schlauen italienischen Politik. Das Vorgehen gegen Montenegro und das schwer zugängliche Nordalbanien hätte man Oesterreich überlassen, Italien hätte nicht einen Schritt über das besetzte Südalbanien hinaus getan, das ihm die Herrschaft über die Adria gesichert hätte. So sagt auch Danzers Armeezeitung vom 15. Mai.

**) Sogar das „Berliner Tageblatt" sagte während der Skutarikrisis, wenn Italien Südalbanien besetze, könne die österreichische Flotte noch in einem Binnensee spazieren fahren.

es ihm prächtig herrichten geholfen, damit im kommenden Kriege der Serben gegen die Donaumonarchie, die römische Politik gleich einen Lohn für ihre Mitwirkung, gegen den „Bundesgenossen" natürlich, in Besitz nehmen kann. Hätte Italien an einem siegreichen Kriege Oesterreichs gegen die Balkanstaaten teilnehmen müssen, so hätte ihm der Verbündete niemals die dauernde Festsetzung an der Ostküste gestatten können — das hätte das Lebensinteresse der Donaumonarchie verboten. Aber die kluge Friedenspolitik hat Italien die beste Aussicht verschafft, den Schlüssel zur Adria, zum mare nostro, bei der nächsten Gelegenheit ganz in die Hand zu bekommen.

So ist die Folge der Politik innerhalb des Dreibundes also die, daß Oesterreich den Italienern seine Adriabelange in die Hände spielte, daß es selbst seine Balkanpläne opfern und sich mit der Selbständigmachung Albaniens begnügen mußte, zu dem es keinen freien Landzugang besitzt, das erst recht den Zankapfel mit den Serbenstaaten und Italien abgeben muß.

Der Gewinn des Deutschen Reiches aus seinem neuen Vertrauensverhältnisse zu England aber ist der, daß es seiner politischen Belange im Osten verlustig ging und in den wirtschaftlichen überflügelt wurde.
Als der Anschlag des Dreiverbandes in seinem Hauptpunkte mißglückte und der europäische Krieg nicht im Oktober sofort ausbrach (dem günstigsten Zeitpunkte für England wegen des Mannschaftswechsels in der deutschen Flotte), da setzten sich die geriebenen Drahtzieher der deutschfeindlichen Mächte wieder zusammen, und entdeckten nach kurzem Nachsinnen, daß nun eine hinhaltende „Friedenspolitik" das Ersprießlichste sei. Die vielleicht auch ihnen unerwarteten raschen Siege des Balkanbundes stellten eine für die Einkreisungspolitik geradezu ideale Lage in Aussicht, daß nämlich die Umklammerung der Kaisermächte auch im Südosten gelingen werde. Mit ein paar guten Worten war Berlin für diese Friedenspolitik schon ge-

wonnen und arbeitete eifrig mit an der Herbeiführung des Friedensschlusses, der die neue, für Mitteleuropa völlig mörderische Landblockade zur fertigen Tatsache machte.

Ein letztes Aufleuchten glücklicher Möglichkeiten trieb Enver Bey zugunsten der Kaisermächte auf den Kampfplatz; aber auch seine Hoffnung auf Berlin und Wien scheiterte, und unverdrossen flocht Deutschland mit England zusammen weiter an dem Netze, in dem es selbst gefangen werden sollte.

Oesterreich gilt, nach der Auffassung der Nachbarn im Osten, Süden und Südwesten heute als reif zur Aufteilung; das sagen die Balkanslawen offen heraus. Ihr Angriff, der erfolgen kann, wann es den Drahtziehern paßt, ruft zweifellos Rußland und alle anderen, die Gelüste auf ein Stück der Erbschaft haben auf den Plan, und dieser Uebermacht vermöchte die kaiserliche Armee kaum zu widerstehen, auch wenn ihre slawische Hälfte durchaus verläßlich bliebe.

Man hat nicht ohne Grund seit undenklichen Zeiten das Dogma gelehrt und festgehalten, daß die Entstehung eines Großserbiens mit dem Bestande der Monarchie unverträglich sei. Dieses Dogma besagte die Wahrheit, daher hat man, als man ihm zuwiderhandelte, selbst den Weiterbestand der Monarchie schwer gefährdet.

Oesterreich hat jetzt überhaupt die ganze Theorie, die ganze raison d'être seines Gefüges gefährdet. Indem es in seiner Haltlosigkeit den Grundsatz seines größten Feindes, Pasic, übernahm: der Balkan den Balkanvölkern! hat es sich zur Lehre von dem Rechte aller Kleinvölker auf die nationale Selbständigkeit bekannt und damit auch denen innerhalb der Monarchie die Billigung ihrer Abtrennungsbestrebungen ausgesprochen. Die Donaumonarchie hat ihren Sinn darin gehabt, daß sie die Kleinvölker zwischen Erzgebirge und Balkan, die zu eigenen staatlichen Bildungen untauglich sind und in der Unabhängigkeit nach Bismarcks Wort nur „dauernd revolutionäre

Zustände" erzeugen würden, zu einem einheitlichen Gefüge vereint. Ihre geschichtliche Sendung war, daß sie dieses Gefüge auch auf die aus der türkischen Herrschaft losgekommenen Völker ausgedehnt, einen großen Donaubund gebildet hätte, aus dem allein die wirkliche Kultivierung des Südostens Europas hervorgehen konnte.

Zu diesem Zwecke durfte das deutsche Volk seine zehn Millionen Stammesgenossen herleihen, gleichsam als Kommandite in der österreichischen Firma, damit sie als Träger der höhern Kultur die Grundlage und den Kitt des südosteuropäischen Gefüges abgeben sollten, das notwendigerweise mit Mitteleuropa in Verbindung gebracht werden muß. Rußlands Kulturaufgaben liegen im Osten, der Balkan gehört naturgemäß unter den Einfluß Mitteleuropas. Die Länder zwischen Adria-Rhein und Pruth-Weichsel bilden eine natürliche Einheit, deren Achse von der Rhein- zur Donaumündung geht.

Auf diese geographische Grundlage, auf diesen geschichtlichen Sinn seines Daseins hat Oesterreich unter Mitwirkung der Politik des Deutschen Reiches verzichtet und damit die Notwendigkeit seines Fortbestehens selbst aufgehoben.

Man wird einwenden, daß jene Lehre eine bloße Theorie gewesen sei, die durch den Zusammenprall mit dem Panslawismus sich von selbst erledigte. Das slawische Südosteuropa, insbesondere der slawische Balkan mußte sich naturgemäß vom deutschen Einflusse lösen und der slawischen Hauptmacht, Rußland, zuwenden.

In dieser allgemein verbreiteten Meinung liegt eben der verhängnisvollste Irrtum.

Südosteuropa ist nicht slawisch, sondern es besitzt eine nichtslawische Mehrheit. Die vier nördlichen Balkanstaaten, einschließlich der früheren Türkei (aber ohne Konstantinopel), zählen 7 Millionen Rumänen, 2½—3 Millionen Albaner und 1—1½ Millionen Griechen, Kutzowallachen, Osmanen u. s. f. (gering gerechnet) und dagegen 5½ Millionen Bulgaren und 3½ Millionen Serben — also 11 Millionen Nichtslawen gegen 9 Millionen Slawen.

Als Südosteuropa im weiteren Umfange kann man bezeichnen Ungarn mit Kroatien, Dalmatien, Bosnien und die vier nördlichen Balkankönigreiche. Dieses Gebiet umfaßt 27 Millionen Nicht­slawen (10 M. Madjaren,*) 10½ M. Rumänen, 2½ M. Deut­sche, 4 M. Albaner, Kutzowallachen u. s. f.) gegen 17½ Mil­lionen Slawen (9½ M. Serbokroaten, 5½ M. Bulgaren, 2 M. Slowaken, ½ M. Ruthenen), also nahezu eine ²/₃ Mehrheit von Nichtslawen.

Cisleithanien hat allerdings eine slawische Mehrheit, aber nur infolge der unnatürlichen Anfügung Galiziens an Alt­österreich. Es zählt 16 Millionen Slawen (ohne das oben zugerech­nete Dalmatien), und 11 Millionen Nichtslawen. Das ergibt aber für die ganze Gruppe Oesterreich-Ungarn-Balkan noch eine Mehr­heit von 38 Millionen Nichtslawen gegen 33½ Millionen Slawen.

Dabei sind die drei nichtslawischen Hauptstämme Deutsche, Madjaren und Rumänen, allein 23 Millionen stark, in der Mitte zusammengelagert und trennen die sieben slawischen Stämme voll­ständig auseinander.

Es kann gar nicht in Zweifel stehen, daß Südost­europa der Zahl und der Lagerung seiner Völker nach nichtslawischen Charakter trägt.

Rumänen und Madjaren sind von Natur aus auf die An­lehnung an das Deutschtum angewiesen; durch das Deutschtum, an dessen Peripherie sie liegen, sind sie in ihrer Nationalität nicht gefährdet, während sie bei einer Vorherrschaft des Slawentums in dessen Umklammerung geraten und allmählich erdrückt werden.

Die öffentliche Meinung im deutschen Volke zeichnet sich durch einen einfach unzerstörbaren Optimismus aus. Ist eine po­litische Frage, die man vorher mit voller Einstimmigkeit von allen Seiten als „Lebensinteresse" Deutschlands und Oesterreichs be­zeichnet hat, durch unsere Staatskunst glücklich in der allen Hoff­nungen entgegengesetzten Weise gelöst worden, so findet man sich

---

*) Nach madjarischer Zählung. Was diese zuviel rechnet, käme zur Haupt­sache auf den deutschen Anteil und dürfte mindestens eine Million betragen.

in allerkürzester Zeit auch in der neuen Lage zurecht und läßt sich von Regierung und Presse ohne Schwierigkeit überzeugen, daß eigentlich alles ausgezeichnet abgelaufen, daß man einer großen Gefahr mit heiler Haut entronnen sei und die Gegenspieler sich jetzt in tödlicher Verlegenheit befinden, daß sie ihren Sieg bald als eine Niederlage erkennen würden.

So freut man sich über die Schwierigkeiten, die Frankreich in Marokko zu überwinden haben werde, man freut sich, daß die Balkanstaaten Rußland mit schnöder Undankbarkeit heimzahlen und ohnedies sich selbst alsbald bekämpfen werden, man freut sich, daß Oesterreich von seiner gefährlichen Balkanpolitik befreit ist, daß der Panslavismus gescheitert sei (obwohl nur Bulgarien sich von ihm lossagte) und daß England und Rußland sich demnächst in die Haare geraten würden, weil nun die alten Gegensätze wieder zum Vorschein kommen müßten.

An die Möglichkeit, daß im kommenden Kriege Deutschland und Oesterreich unterliegen könnte, will kein Mensch denken und erinnert sein; es herrscht ganz der gleiche Zustand unerschütterlichen Selbstvertrauens und Unterschätzung der Gegner wie vor 1806. **Aber die Weltgeschichte hat noch kein Beispiel erlebt, daß auf eine schwache und verfehlte Politik ein siegreicher Krieg gefolgt wäre.**

Das Deutsche Reich hat noch keine politische Niederlage erlitten, ohne daß die dienstfertigen Presseoptimisten sie als Sieg ausriefen und den baldigen Zerfall des Dreiverbandes, das Ende der Einkreisungspolitik und große deutsche Triumphe voraussagten. Man lese zur Probe nur Dr. Ernst Jäckhs Buch „Deutschland im Orient nach dem Balkankriege", in welchem dieser Freund Rohrbachs den Zerfall der Türkei geradezu als einen glänzenden Erfolg Deutschlands bejubelt, ein halbes Jahr nachdem Rohrbach jede Bedrohung der Türkei als unbedingten Kriegsfall, ihre Erhaltung als höchstes Lebensinteresse für Deutschland und Oesterreich bezeichnet hatte.

Die entscheidende Stelle unserer politischen Lage ist der Südosten*), die Abschneidung des Balkanweges bedeutet für Mitteleuropa die Blockade und die Aushungerung, wenn uns nicht das Unwahrscheinliche gelingt: die englische Flotte niederzuringen.

Nicht ohne Grund hat schon Moltke darauf hingewiesen, daß die geographische Lage Deutschlands seine Niederwerfung möglich mache, ohne daß ein Kanonenschuß abgefeuert werden müsse.**)

Heute ist diese Möglichkeit geschaffen, sie steht als Tatsache vor unsern Augen. Wir haben es so weit gebracht, daß unsere kriegerische Macht durch die Unterbindung aller Zufuhren gelähmt werden kann.

*) Zu dieser Einsicht war schon Windthorst gelangt, ebenso Viktor Aimé Huber, Konstantin Frantz u. a. W. Lochmiller betitelte neuestens eine gehaltvolle Schrift „Unsere Zukunft liegt auf dem Balkan!"

**) Nichts könnte ernsteres Nachdenken verdienen, als die Tatsache, daß durch den Anschluß des nördlichen Balkans an den Dreiverband im Kriegsfalle die Landblockade Mitteleuropas sofort in Wirkung träte und ihre Folgen alsbald zur Kapitulation der eingekreisten Staaten führen müßten. Auf diese furchtbare Gefahr wird allmählich auch von anderer Seite hingewiesen, z. B. von Joseph Sonntag in seiner Schrift „Deutschland vor der Katastrophe", die als offener Brief an den Kronprinzen gerichtet ist. Er sagt u. a.: Unter keinen und durch nichts zu entschuldigenden Umständen durfte der Balkanbund geschmiedet werden. Denn er bildet das letzte Stück in dem eisernen Reifen, der dem nach Atem und Befreiung ringenden Deutschtum um die schwer belastete Brust geschlagen wurde. Mit dem heiligsten Ernst, den mir der Zeiten schwere Not eingibt, sei darauf hingewiesen, daß es ein Aberwitz wäre, zu glauben, Deutschland könnte in einem Kriege, der gleich bei seinem Ausbruch zum europäischen werden muß, Sieger werden. Es kann dies schon deshalb nicht, weil das ganze Reich mit Kriegsbeginn sofort einer einzigen großen Festung gleichen wird, die unsere Feinde ringsum einschließen und aushungern, während im Innern der Festung Arbeitslosigkeit und Hungersnot dem herrlichen Reiche den Untergang bereiten." — Weniger drastisch, aber dem Sinne nach gleichbedeutend ist das Wort eines militärischen Fachmannes im „Hammer" 15. Oktober 1913, daß wir unsern Nahrungsbedarf nicht würden bestreiten können, wenn wir zugleich mit Frankreich und Rußland zu kämpfen hätten und daß wir in diesem Falle trotz aller Leistungen unserer Wehrmacht verloren wären. — Aehnlichen Erwägungen begegnet man jetzt gottlob immer öfter; z. B. schrieb der Leipziger Syndikus Schneider eine Broschüre „Hungersnot nach der Mobilmachung?", in der er darlegt, daß in einer Woche nach Kriegsausbruch in allen Großstädten Hungersnot herrschen werde.

Alle politischen Schriftsteller haben, ehe die Lage sich so gestaltete, über die englische Einkreisungspolitik ihre Scherze gemacht und ausgeführt, daß so lange der Süden und der Südosten noch offen stehen, von der Aushungerung, auf die man im feindlichen Lager längst schon rechnet, nicht die Rede sein könne. Heute, wo auch im Südosten und Süden die Blockade verhängt werden kann, sobald Oesterreich angegriffen wird, heute meldet sich niemand mehr zum Worte.

England treibe heute eine Friedenspolitik, heißt es, weil es im Orient die alten Gegensätze zu Rußland auftauchen sehe. Ist dieser Gedanke nicht himmelschreiend? **Müßte es nicht gerade aus diesem Grunde den Krieg zwischen Deutschland und Rußland mit allen Kräften herbeizuführen bestrebt sein**, um beide Nebenbuhler sich gegenseitig unschädlich machen zu lassen?

Nein, England hat die Rolle, uns zu besänftigen übernommen, weil wir über alles Erwarten wunderbar in die Falle der Einkreisung schlüpfen, weil wir ihm glatt und ohne Widerstand alle Möglichkeit opfern, ihm im Orient gefährlich zu werden, weil sich die europäische Lage derart gestaltet hat, daß der Krieg des ganzen Erdteils gegen uns immer sicherer wird, während wir noch vor dem Balkankriege mit der Türkei, Rumänien und einem starken Oesterreich als Freunden rechnen konnten, fortan aber auf ein geschwächtes Oesterreich und uns allein angewiesen sind. Wir haben eine Rüstungsverstärkung beschlossen, die uns jährlich 70 000 Soldaten mehr bringt, und haben gleichzeitig 700 000 auf einen Schlag eingebüßt. Scotus Viator hat schon 1908 vorausgesagt, die deutsche Diplomatie werde es dahin bringen, daß ganz Europa gegen Deutschland in Waffen stehe, heute hat sich diese Weissagung in der Theorie schon erfüllt. Schon der vom Dreiverbande beabsichtigte große Krieg in sofortigem Gefolge des Vorgehens der Balkanstaaten hätte den Feinden gepaßt, da eine Art Einkreisung schon vorhanden war, unser unerwartetes Nichteingreifen paßt ihnen noch viel besser, denn jetzt soll die Einkreisung vollendet werden und der Abfall oder die Lahmlegung aller Freunde sich vollziehen. Diese Lage muß dann nur noch politisch zurecht gearbeitet, die Getreuen auf dem Balkan müssen wieder schlagfertig sein — dann erfolgt das Zeichen!

Um das Werk der Täuschung zu vollenden, hat England, noch ehe der Friede auf dem Balkan geschlossen war, mit dem Reiche Verhandlungen über die Bagdadbahn eingeleitet. Die deutsche Diplomatie machte darüber allerlei staatsmännisch vielsagende Andeutungen. Natürlich, jetzt könnte England, wenn es wollte, userm Kapital im Orient alles erlauben, denn politisch sind wir dort ganz und gar ungefährlich. Die Bagdadbahn ist ein politisch harmloser Schienenweg geworden.

Der Plan zur Aufteilung der asiatischen Türkei ist ja von Lord Curzon schon ausgearbeitet und im Sommer 1913 hat das „Leipziger Tageblatt" aus Londoner diplomatischen Kreisen gemeldet, daß die Ausführung geplant sei. Auf wen will sich das betrogene Deutschland in seiner Wut stürzen, wenn sich das bewahrheitet? O, es wird überhaupt nicht wütend werden, sondern seiner Regierung danken, daß es auch dieser Sorge los ist.

All das im voranstehenden Gesagte stimmt völlig mit dem Sinne der Worte Paul Rohrbachs überein, die eingangs angeführt wurden. Auch dieser zahmste aller Politiker hat von der Preisgabe der Türkei die unheilvollsten Folgen für das Deutsche Reich und vernichtende für Oesterreich vorausgesagt. Seitdem die Preisgabe dennoch erfolgte, getraut sich aber niemand mehr an die Folgen zu erinnern, jetzt muß um jeden Preis beschwichtigt und beschönigt werden.

England hat nun der deutschen Weltpolitik schon die dritte gewaltige Niederlage bereitet. Dreimal setzte sie zu großen Taten an: 1896 mit dem Telegramm an den Präsidenten Krüger, 1898 mit der Kaiserfahrt nach Damaskus, 1905 mit der kaiserlichen Landung in Tanger. Dreimal wurde das Fähnlein an die Stange gebunden und dreimal in aller Stille niedergeholt. Südafrika, Marokko, der Islam — verloren!

Das ist kein erfreuliches Blatt in der Geschichte unseres Volkes und doch wie bald würde sich das Blatt wenden, wenn nur ein Wille zur Macht vorhanden wäre!

II.

Was geschehen hätte müssen, ist schnell gesagt. Beim ersten Ueberschreiten der Grenze des Sandschak durch die Serben hatten die beiden Kaisermächte im Vereine mit Rumänien zu mobilisieren, Oesterreich hatte den westlichen Balkan zu besetzen, Serbien mußte zwischen Oesterreich, Rumänien und Bulgarien geteilt werden und es war ein festes Schutz= und Trutzbündnis zwischen den Kaisermächten, Rumänien, Bulgarien und der Türkei zu errichten.*) Die Türkei hätte die Schutzherrschaft Oesterreichs über den westlichen, Bulgariens über den östlichen Balkan gegen eine entsprechende Zahlung anerkannt, die ganze Welt hätte diesen ungeheuern Waffenbund nicht anzugreifen gewagt, an der Grenze Aegyptens wäre sofort eine Truppenmacht zur wirksamen Abschreckung Englands aufgestellt worden — Balkanfrage, Orientfrage und Weltfriedensfrage wären mit einem Schlage gelöst gewesen.

Die allergrößte Wahrscheinlichkeit spricht dafür, daß die Kaisermächte den Erfolg von 1900 im Jahre 1912 hätten wiederholen können, obwohl der ganze Dreiverband diesmal kampfbereit dastand. Freilich es hätte der raschen Benützung aller Vorteile bedurft — doch die kannte man ja, wenn schon Rohrbach auf den wichtigsten, den Landweg nach Aegypten, um Monate früher hin-

---

*) Daß die Türkei in Wirklichkeit sich nicht als Macht erwies, als die man sie angesehen hatte, tut nichts zur Sache, denn schon der Glaube an sie hatte Deutschlands Ansehen gestärkt, den Glauben hätte man aufrecht erhalten müssen, indem man einen Angriff von vornherein mit allen Mitteln zurückschreckte. Uebrigens ist es sicher, daß die Türkei, wenn eine starke Macht sie an die Hand genommen hätte, sich ganz anders gehalten haben würde, als in ihrer verzweifelten Verlassenheit und im Zustand der Ueberraschung, den sie nicht zum mindesten den Versicherungen der deutschen Diplomatie zu danken hatte, daß sie keinen Krieg zu befürchten brauche.

gewiesen hatte. Im Jahre 1910 hatte Italien ganz offen auf der Seite der Feinde gestanden, diesmal hätte es sich wohl besonnen, feindselig zu werden, da es eben erst vom Libischen Abenteuer sehr geschwächt worden war und die Türkei den Kampf in Tripolis hätte wieder erneuern können. Dafür stand diesmal die Türkei sofort bei den Kaisermächten, die 1910 ein Gegner gewesen war, und ebenso verstärkten Rumänien und Bulgarien wenn man wollte die Kampffront Mitteleuropas. Serbien hätte sich nicht rühren können, England für Aegypten fürchten müssen — es konnte in der Tat trotz aller russischen Vorbereitungen bei einem die Welt verblüffenden blitzartigen Vorgehen unter Führung Deutschlands mit der allergrößten Wahrscheinlichkeit darauf gerechnet werden, daß der ganze Dreiverband die Suppe zu heiß finden werde. Der Bund Berlin-Bagdad wäre mit einem Schlage, wie er ins Leben trat, Herr der Lage, die erste Macht der Welt geworden, und der Friede wäre trotzdem erhalten geblieben.

Häufig genug ist dieser Vorschlag der Oeffentlichkeit vorgelegt worden, schon um Monate früher, als Kiderlen-Wächter noch behauptete, an einen Krieg auf dem Balkan sei nicht zu denken.

Auch König Ferdinand hatte sich, wie Kiderlen-Wächter in der „Deutschen Tageszeitung" vom 18. Oktober halbamtlich mitteilen ließ, auf das Aeußerste bemüht, die Mitwirkung der Kaisermächte an einer Lösung der Balkanfrage zugunsten Mitteleuropas zu erreichen. Aber er wurde abgewiesen.

Also was geschehen hätte sollen, das liegt klar, einfach und unwidersprechlich zutage.

Aber da es nicht geschah und die Folgen nun da sind, was soll denn jetzt geschehen?

Meines Erachtens wäre jetzt die Reihe an den Herren in Wien, sich zu besinnen, in welche Lage sie geraten sind und wie sie sich herausfinden wollen. Das Deutsche Reich hat wenigstens eine Folgerung gezogen (und damit die wesentliche Verschlechterung seiner politischen Lage anerkannt), indem es eine gewaltige Rüstungsvermehrung beschloß. Oesterreich kann, zumal nach seiner zweiten Mobilisierung, die hunderte von Millionen verschlang, an keine ebensogroße Anstrengung denken.

An der höchsten Stelle der Donaumonarchie mag man weit davon entfernt sein, die Tatsachen zu erkennen. Solange es Blätter gibt, die wie das „Neue Wiener Tagblatt" rühmend ausrufen, daß es der **unerreichten Staatskunst** des Monarchen trotz aller Herausforderungen gelungen sei, den Frieden zu retten, dürfte keine Aussicht bestehen, daß man sich oben der Lage bewußt wird. Aber an den zunächststehenden Stellen erfaßt man sie zweifellos deutlich genug, und das dürfte genügen, damit noch die Rettung versucht wird, ehe es zu spät ist. Sobald der erste Schlag gegen die Monarchie erfolgt, ist es aber zu spät.

Graf (!) Aehrenthal konnte sich in seinem grenzenlosen Hochmute einbilden, daß er die Führung des Dreibundes in die Hand bekommen habe. In der Tat stellte sich seiner Politik die schimmernde Wehr des Deutschen Reiches zur Verfügung, während er jede Unterstützung Deutschlands in der Marokkokrisis mit eisigem Hohne ablehnte. Damals mag es in Oesterreich noch manche Hofpolitiker gegeben haben, die in Aehrenthal wirklich einen diplomatischen Rächer für 1866 und den Wiederhersteller der österreichischen Vormacht erblickte: heute wird sich schwerlich jemand finden, der nicht Aehrenthals ganze Politik als sinnlose Charlatanerie und sein Verfahren im Jahre 1909 als einen der törichtesten Streiche der ganzen Weltgeschichte erklären würde. Um eine Titeländerung und den Verlust des Sandschak zu erreichen: Mobilisierung, Kriegsgefahr von allen Seiten, Handelskrisis, Boykott, Zahlung einer Buße von 50 Millionen!

Wenn die Männer, die schließlich den Ausschlag geben müssen, heute die Lage überdenken, müssen sie erkennen, **daß von einer selbständigen Großmachtpolitik der Donaumonarchie nicht mehr die Rede sein kann**, daß sie unmittelbar der Gefahr der Zertrümmerung durch die vereinten Kräfte des Slawentums in Rußland, in den Balkanstaaten und im eigenen Lande bedroht ist, mit denen gegebenenfalls auch Italien gemeinsame Sache macht. Ihr einziger Helfer, das Deutsche Reich, ist gleichfalls stark bedroht, aber vermöge seiner nationalen Einheitlichkeit und seiner gewaltigen militärischen Kraft bietet es doch einen mächtigen Rückhalt, wenn man sich voll und ganz aneinander anschlösse.

Das ist es: **Die Zeit ist da, daß die beiden Kaisermächte ihre Sonderung, die immer noch eine die Feinde verlockende Kluft zwischen ihnen offen läßt, aufgeben und sich durch ein Schutz- und Trutzbündnis dauernd miteinander verbinden.**

Beide sind bedroht, die Donaumonarchie noch schlimmer als das Deutsche Reich, es muß beiden klar werden, daß sie wirklich nur ein Ziel und ein Dasein haben,*) daß nach dem Untergange Oesterreichs auch das Reich in der Umklammerung durch das Slawentum die politische Unabhängigkeit verlöre.

Zu einer Einheit von 120 Millionen Menschen geworden, sind sie wiederum eine furchtbare Macht, in der Zweiheit beurteilen die Feinde jedes der Reiche für sich und halten sich

---

*) In der „Deutsch. Tageszeitung" vom 14. Juni 1913, Abendblatt, führte Graf E. Reventlow aus, die reichsdeutsche und die österreichische Politik seien keineswegs von Natur aus gleichgerichtet, sondern sie hätten sehr verschiedene Interessen und Ziele. Graf Reventlow hat aber dabei nicht einen einzigen Punkt angeführt, an welchem die Interessen der beiden Reiche wirklich auseinanderlaufen. In der Tat ist seine Behauptung vollständig haltlos und von kurzsichtigster Parteiauffassung eingegeben. Mitteleuropa, Deutschland und das nichtslawische Südosteuropa, ist unbestreitbar eine natürliche politische und wirtschaftliche Interessengemeinschaft und Einheit, deren Zerklüftung den zugehörigen Völkern selbst und dem ganzen Erdteil zum größten Schaden gereicht. Die Interessengegensätze innerhalb dieser Einheit sind durchaus nicht größer, als sie jetzt zwischen den einzelnen Gliedern der Deutschen Reiches bestehen. Alle großen Politiker von Fr. List an haben Mitteleuropa als die natürliche Einheit der Zukunft betrachtet. — Bresnitz v. Sydakoff sagt in der erwähnten Schrift: „Wenn man in Österreich-Ungarn ein Plebiscit veranstalten würde, so würde sich ergeben, daß die übergroße Mehrheit der Bevölkerung der Meinung ist, daß sich die Interessen Deutschlands im Südosten mit den Interessen der Monarchie völlig decken."

jedem für überlegen. Wenn die unverläßlichen Nationen Oesterreichs sich zu den Feinden schlagen wollen, so erscheint ihnen das leicht in einem Gemeinwesen, in dem sie die Mehrheit bilden, anders aber sieht sich die Sache an, wenn sie von einer gewaltigen Gemeinschaft abfallen müßten. Das ließe sich ganz anders überdenken.

Es ist ein Wagnis, aber unternommen in einer Stunde, da tatsächlich nichts anders mehr übrig bleibt; nur eine befreiende Tat kann den Eindruck der wirklich vorhandenen Macht Mitteleuropas wieder herstellen und ihm das gebührende politische Gewicht wieder verleihen.

Das Deutsche Reich ist nach der Verfassung vom 16. April 1871 ein **ewiger Bund**, welchen **die deutschen Fürsten und freien Städte** geschlossen haben. Nichts steht von dieser Urkunde aus im Wege, daß nicht auch die Dynastie Habsburg-Lothringen sich dem Bunde anschließen könnte, unter Vorbehalten, die weit über die Bayerns hinausgehen. Der größte Vorbehalt wäre der der unbeschränkten Souveränität der habsburgischen Länder in der eigenen Verwaltung, und einer gewissen Selbständigkeit seiner Armee auch im Kriege. Oesterreich behielte seine auswärtigen Vertretungen, die gemeinsame Außenpolitik aber würde von einem besonderen Rate der Kaiser, der Kanzler und der obersten Minister geführt.

Alexander v. Peez sagt in seiner Schrift „Die Aufgaben der Deutschen in Oesterreich" (1907):

„**Erst wenn die beiden, aus dem großen, aber höchst schwerfälligen und schlecht organisierten Römischen Reiche deutscher Nation entsprungenen, mitteleuropäischen Staatenbündel Rücken an Rücken zusammenstehen, ist der Friede im Weltteile gesichert.**"

Nicht vom heute untauglichen Drei- oder vielmehr Zweibunde, der damals schon 30 Jahre bestand, schrieb das der große deutschösterreichische Volkswirt und Politiker, sondern von dem ganz unumgänglich notwendig gewordenen Staatenbunde, der Mitteleuropa von der Nordsee bis zum Balkan ausfüllen muß.

Diese Forderung ist längst schon von zahlreichen erleuchteten Politikern wie Lagarde, Konstantin Frantz, Ernst Hasse erhoben und kehrt auch in dem vielbesprochenen Buche „Wenn ich der Kaiser wär" von Daniel Frymann wieder. Ja als ältester Vertreter des Gedankens können Prinz Eugen und der Freiherr vom Stein genannt werden.

Habsburg-Lothringen hat heute die Wahl zwischen dem Entschlusse, etwas von seiner Souveränität zu opfern oder selbst das Opfer der sonst unaufhaltsam nahenden Zertrümmerung seines Thrones durch Rußland und seine Verbündeten zu werden.

Der Vollzug dieser Tat kann nur durch einen raschen Staatsstreich innerhalb der Donaumonarchie geschehen, der zur Versöhnung der Betroffenen eine Reihe offensichtlicher Vorteile mit sich führen müßte.

In der westlichen Reichshälfte steht der Staatsstreich-Paragraph 14 zur Verfügung.

In Transleithanien müßte ein Willensakt des Königs die Staatsnotwendigkeit durchsetzen.

Das Ziel der innerstaatlichen Umwälzung in der Donaumonarchie muß natürlich die Schaffung einer Organisation sein, die eine friedliche und geordnete Verwaltung ermöglicht. Als solche ist der Zentralismus, gar unter einer Militärdiktatur, ganz undenkbar; er würde sogleich die Auflehnung aller nichtdeutschen Völker und die Einmischung der Nachbarn herbeiführen. Die Deutschen sind zu schwach (25 %) und zu unpolitisch, um die Rolle eines Staatsvolkes im Gesamtreiche spielen zu können. Ueberdies muß ihnen die bisherige Ehre, die Steuern für das Ganze aufzubringen, fürderhin erspart bleiben. Es gilt insbesondere die Rumänen und die Serbokroaten durch die Verbesserung ihrer Stellung zu befriedigen, um die Sympathien der Balkanvölker wieder zu gewinnen und ihnen jeden Grund zu einem Eingreifen zu entziehen.

Heute ist es ja nicht zum mindesten die neue Ungeheuerlichkeit, die von den Madjaren durch das „verbesserte" Wahlgesetz an den Nationalitäten verübt wird, was die Rumänen vollends zu Irredentisten und das Königreich zum Feinde Ungarns gemacht hat.

Als vollständig brauchbare Organisation läßt sich vorschlagen die Einteilung der Gesamtmonarchie in 4 Verwaltungsgebiete (Bundesstaaten):

1. Altösterreich, die Bundesländer mit Istrien,
2. Galizien und Bukowina,
3. Ungarn mit Siebenbürgen,
4. Kroatien, Slawonien, Bosnien-Herzegowina und Dalmatien.*)

Durch diese Einteilung ist ein entschieden deutsches und ein entschieden madjarisches Verwaltungsgebiet mit je 18—19 Millionen Einwohnern geschaffen und sind zwei kleinere slawische, ein polnisch-ruthenisches und ein serbokroatisches Gebiet mit 9 bzw. 5½ Millionen Einwohnern angehängt. Der Hauptmasse der Slawen ist die Selbstverwaltung gegeben, ohne daß der deutsch-madjarische Charakter des Gesamtstaates beeinträchtigt wird.

Die Grundlage dieser Umgestaltung würde also das Linzer Programm Schönerer-Langgaßners vom Jahre 1882 bilden. Die Hauptforderung dieses Programms ist die Sonderstellung der ehemaligen deutschen Bundesländer, die Abtrennung der slawischen Länder Galizien, Bukowina und Dalmatien von Cisleithanien. Dadurch sollte die Sicherung des deutschen Besitzstandes, die deutsche Mehrheit auf dem altdeut-

---

*) Es wäre nicht einmal durchaus nötig, daß Kroatien-Slawonien mit Bosnien-Dalmatien vereinigt würden, wenn den Kroaten unter der ungarischen Krone selbst ihr Recht würde. Es könnte auch die ganz einfache Aenderung genügen, daß künftighin Galizien-Bukowina und Bosnien-Dalmatien als in eigenen Angelegenheiten und finanziell autonome kaiserliche Reichsländer verwaltet werden oder als kaiserliche Statthalterei unter je einem Erzherzog. Diese schlichte einfache Formel, zusammen mit der Einführung des allgemeinen gleichen Wahlrechtes und mit der tatsächlichen Inkraftsetzung des Deak'schen Nationalitätengesetzes in Ungarn: das wäre das sichere, unfehlbare Heilmittel für die scheinbar hoffnungslosen Zustände in der Donaumonarchie.

schen Boden und die Beseitigung des Mißstandes herbeigeführt werden, daß die deutsche Steuerkraft den größten Teil der Kosten für das ganze Reich aufzubringen hat. Dieses Programm muß der unverrückbare Mittelpunkt der deutsch=österreichischen Politik unter allen Umständen bleiben. Wenn es jedoch forderte, daß die von Cisleithanien abgetrennten Gebiete mit Ungarn vereinigt würden, so war das eine Verlegenheitsformel, tatsächlich hätte der Madjarenstaat nie 11 Millionen Slawen (Bosnien eingeschlossen) in sich aufnehmen können. Was mit den abgetrennten Gebieten geschieht, ist aber ganz unwesentlich, die Hauptsache bleibt die staatsrechtliche Sonderstellung Westösterreichs.

Nach der heutigen Lage ist die Vereinigung der serbokroatischen Länder, zum mindesten Bosniens und Dalmatiens, zu einer Verwaltungseinheit unumgänglich. Weder Deutschösterreich noch Ungarn können sie brauchen und regieren, ohne daß schwere Uebelstände entstehen. Die serbische Wojwodina an der Donau und Theiß allerdings könnte von Ungarn nicht getrennt werden. Oesterreich braucht im Süden einzig Dalmatien abzugeben, was das Linzer Programm schon forderte, die Sache liegt also durchaus auf dem Wege der deutschen Volkspolitik. Es bleibt dann eben Aufgabe der Verwaltung, die serbokroatische Einheit derart zu regieren, daß sie, statt selbst irredentistisch zu bleiben, eine Anziehungskraft nach außen ausübt. Die Kosten dieser Verwaltung aber hätte das Land selbst, nicht mehr Deutschösterreich zu tragen.

Die Wirkung der Vereinigung Mitteleuropas und der Umgestaltung des Habsburgerreiches zu einem durchaus lebensfähigen und vernunftgemäßen „quadralistischen" Gefüge würde sofort zutage treten. Unmöglich könnte sich Rumänien dem gewaltigen Eindrucke entziehen, den der Tatsache gewordene mitteleuropäische Föderativgedanke auf alle in Betracht kommenden Nationen machen muß; und so erbittert heute die Rumänen gegen Oesterreich=Ungarn sind, sie würden einsehen, daß eine gesicherte Zukunft ihres Volkes nur im Bundesanschlusse an Mitteleuropa möglich ist, nicht aber nach der Zertrümmerung der

Donaumonarchie zwischen einem Großserbien vom Wardar bis zur Drau und dem alles erdrückenden Rußland. Bulgarien aber hat schon seine Erfahrungen und ist fraglos zum Anschlusse bereit.

So könnte die Balkanfrage zugleich mit der österreichischen immer noch zugunsten Mitteleuropas gelöst und der Landweg Mitteleuropas nach Asien wieder gewonnen werden.

Die Zufriedenheit der Nationen und ihre Anbequemung an die neue Einrichtung ist nur zu erzielen, wenn die Minderheiten solche Rechte erhalten, daß sie ihre Eigenart ungehindert pflegen können. In dem Nationengewirre, das die Donauländer einmal darstellen, kann nach 60 Jahren bürgerlicher Freiheit ein anderer Grundsatz nicht durchdringen, jede Vergewaltigung zerstört die staatliche Ordnung. In Altösterreich werden in gemischten Gebieten neben der deutschen Sprache die tschechische, die slowenische und die italienische, in Ungarn neben der madjarischen die deutsche, die rumänische, die slowakische, in Galizien neben der polnischen die ruthenische und die deutsche, in Serbokroatien neben der kroatischen die deutsche Sprache ihre Rechte, soweit sie nur mit der staatlichen Einheit verträglich sind, erhalten müssen. Kleinere nichtdeutsche Minderheiten, wie die polnische in Schlesien, die rumänische in der Bukowina, (die übrigens geteilt werden könnte), die ruthenische und die serbische in Ungarn würden ebenfalls ihr billiges Maß bekommen. Völker, die nicht zwei Millionen Angehörige zählen, können natürlich keine Universitäten beanspruchen, wenn sie dieselben nicht, wie es in der Schweiz der Fall ist, auf eigene Kosten unterhalten.

Die Verfassungen der einzelnen Teile müßten jedem die Ausgaben für seine kulturellen und wirtschaftlichen Erfordernisse selbst auflegen, damit nicht deutsches Steuergeld sie alle großziehen müßte. Für Wehrzwecke hätten die Verfassungen eine bestimmte Leistung auf den Kopf der Bevölkerung und einen bestimmten Prozentsatz für die Aushebung zum stehenden Heere festzulegen, damit kein Vertretungskörper solche gemeinsame Notwendigkeiten verweigern kann.

Der Militärverband der beiden Reiche brächte die Möglichkeit mit sich, auch im Frieden die Truppen durcheinanderzuschieben und Garnisonen und Grenzen nach Uebereinkunft gemeinsam zu besetzen. Das würde die volle Einheitlichkeit des Doppelreiches sowohl der nichtdeutschen Minderheit (40%) als den Feinden klar machen. In seinem echten Oesterreicher-Romane „Die Geschichte vom Hannerl" schildert Rudolf Hans Bartsch das Leben und die Stimmungen unter den österreichischen Offizieren in den Tagen der Spannung des Jahres 1909. „In allen Offiziersmessen, die überwiegend südslawischen vielleicht ausgenommen, hörte man Hochrufe auf den Militärverband der beiden Reiche, der nach einem glücklichen Kriege bevorstände, wohl gar auch auf die Zolleinheit, und Europa hatte das Gefühl, hier bilde sich in Not und Druck ein Riesenreich von der Nordsee bis an die Adria, bis nach Saloniki vielleicht".

Einer der verheißungsvollsten Augenblicke unserer Geschichte wurde damals kläglich versäumt. Gewiß pflegen eigentlich erst Kriege, die aus dem öden Alltagsdusel aufpeitschen, die nötige Stimmung für so große politische Taten zu schaffen. **„Nur im Kriege und durch gemeinschaftliches Durchkämpfen desselben wird ein Volk zum Volk"** schrieb Bismarck. **Darum hätten vor allem jene Deutschösterreicher, die einen engeren Anschluß an das Reich herbeisehnen, den Krieg im Herbst 1912**, nachdem 1909 die Gelegenheit versäumt war, **unbedingt wünschen müssen.** Das gemeinsam vergossene Blut oder eine gemeinsame politische Großtat hätte Oesterreich und das Reich vereint, wie es 1870 Süd- und Norddeutschland einte. Als man 1870 auszog, war der Reichsgedanke noch nicht gesichert. — Indessen ist heute die Gefahr so erschreckend groß, daß man glauben sollte, sie müsse die Nation zu einem starken Entschlusse antreiben.

Der Abschluß des Zollbundes, das wäre ohne Frage ebenso wichtig und wirkungsvoll wie ein Militärverband. Die Wirtschaftseinheit würde dem ganzen deutsch-österreichischen Doppelreiche ohne jede Vergewaltigung auch nur einer der kleineren Nationen und bald von ihnen als Wohltat empfunden, den deutschen Charakter aufprägen. Die Volkswirtschaft beider Reiche ist auf den Schutz der Landwirtschaft eingerichtet, so daß ein grundsätzliches Hindernis nicht vorliegt. Der größte Widerstand liegt in der Schwäche der österreichischen Industrie — aber gerade die endlosen Krisen dürften dieser den Gedanken vertraut machen, daß sie einmal den Sprung ins Ungewisse wagen solle. Die stete Aussicht auf einen Krieg und eine Katastrophe, die in beiden Reichen besteht, muß auch zur Erwägung führen, daß sich die Schwierigkeiten einer Zolleinigung doch leichter ertragen lassen als die kriegerische Erschütterung, die alle Tage eintreten könnte, und daß nach einem Kriege Grenzenverschiebungen aller Art auch eine neue Anpassung erfordern würden. So läge wirklich die Möglichkeit nahe, daß ein rascher Entschluß das schüfe, was vor 50 Jahren trotz Rechbergs Bemühungen leider nicht zustande kam: die Wirtschaftseinheit Mitteleuropas. Im Deutschen Reiche müßte eben eine weitschauende und weitherzige Politik aller Parteien, in Oesterreich der Staatsstreich den Gedanken rasch zur Tat machen.

Wohl ist ja gerade in der letzten Zeit wieder mehr von dem wirtschaftlichen Zusammenschlusse des Deutschen Reiches und der Donaumonarchie die Rede gewesen und von reichsdeutscher Seite hat der Vizepräsident des Reichstags Geheimrat Paasche bei den Verhandlungen in Leipzig und Wien die Notwendigkeit der Vereinigung kräftig betont. Aber es ist sicher, daß die hunderterlei Hemmungen, die schon den „mitteleuropäischen Wirtschaftsverein" unter Prof. Wolf-Charlottenburg auf ein geringes Maß von Wirkung beschränken, auch das neuere Unternehmen fesseln und lähmen werden: wenn nicht gewaltig wie ein Sturmwind die Ueberzeugung von der politischen Unerläßlichkeit des sofortigen Zusammenschlusses alle Krämerbedenken zerbläst.

Allerdings liegt in dem § 11 des Frankfurter Friedens, der zwischen Deutschland und Frankreich die dauernde Meistbegünstigung bestimmt, ein großes Hindernis (das ein weitsichtiger deutscher Politiker bei den Marokkoverhandlungen hätte aus dem Wege räumen müssen, woran auch rechtzeitig erinnert wurde). Aber es ist fraglich, ob durch diese Bestimmung, die nur für Handelsverträge Geltung hat, auch eine vollständige Fusion gehemmt werden könnte.

Jedenfalls: die Frage der Monopole und Besteuerungen, so schwierig sie sein mag, wäre zu lösen, wenn erst das grundsätzliche Einverständnis erreicht ist.

Die Reiche Mitteleuropas befinden sich heute wirtschaftlich und politisch genau in der gleichen Lage, wie die Staaten des deutschen Bundes vor dem Abschlusse des Zollvereins und vor 1866/71. Einzeln schwach, unfertig, ohnmächtig, dem Willen Fremder, ja der Gefahr der Vernichtung preisgegeben, haben diese Staaten durch ihren Zusammenschluß sich stark, unabhängig, gefürchtet gemacht — aber das konnte nur so lange vorhalten, als die große Weltentwicklung nicht nach noch größeren Verbänden verlangte. Da gilt es ebenfalls Schritt zu halten, sonst ist die Schwäche, Unfertigkeit und Abhängigkeit von den Fremden wieder da. Und so steht es bereits heute um das Deutsche Reich und Oesterreich. Die führenden Völker sind fraglos alsbald zu überzeugen und zum Zusammenschlusse bereit: **darf an den „Gefühlen" der Dynastien die Zukunft Mitteleuropas scheitern und zwar derart, daß die Dynastien selbst ihre Blindheit mit dem Untergange büßen würden?!**

Der große Lagarde hat es schon 1885 prophetisch angekündet:

„Die Lösung der deutschen Frage ist durch die Ereignisse von 1866 ungeheuer erschwert worden. Unmöglich aber ist sie auch jetzt noch nicht, denn wäre sie das, so wären die Tage sowohl Oesterreichs als des Deutschen Reiches und ihrer Dynastien gezählt."

Unter der Lösung der deutschen Frage verstand Lagarde die Zusammenfassung Mitteleuropas unter deutscher Führung.

Mangels anderer Taten hat das Deutsche Reich der Geschichte des Jahres 1913 wenigstens die Versöhnung zwischen Hohenzollern und Welfen einverleibt. Wenn in diesem Geschehnis auch nicht so viel Großartiges liegt, als man gerne damit geleistet haben möchte: einen Fingerzeig wenigstens enthält es. Den nämlich, daß es heute an der Zeit ist, das, was das Jahr 1866 dem Gesamtdeutschtum schaden m u ß t e , gutzumachen. Die Wiener Dynastie sollte heute gleich dem Cumberländer erkennen, daß nur die Rückkehr zur alten Quelle ihrer Kraft, zum deutschen Volk, ihren Thron retten kann. Es gilt, den Schein gegen echte Wirklichkeit einzutauschen.

In dem raschen Zusammenschlusse ruht vor allem die Möglichkeit, beiden Reichen die Zukunft und dem Weltteil den Frieden zu retten, wie schon A. von Peez es ausgesprochen hat. Die Möglichkeit ruht darin, trotz des jetzigen Hochganges des Panslawismus ihm Südosteuropa und den Schlüssel zum Orient wieder zu entwinden. Rumänien, Bulgarien und die Türkei könnten wieder gewonnen und damit der Weg nach Bagdad, zur Weltgeltung des deutschen Volkes als Führerin, nicht als Gewalthaberin Mitteleuropas wieder erobert werden. Die ehrliche Freundschaft Englands fällt uns sofort zu, wenn wir ohne weiteres einen Aufmarsch türkischer Truppen an der Grenze Aegyptens zu veranstalten in der Lage sind.

Es ist schon oft geschehen, daß ein scheinbares Unglück die Keime des größten Glückes in sich trug. So könnte auch diesmal aus einer der schwersten Niederlagen, die das deutsche Volk je erlitt, aus der vollzogenen Umklammerung Oesterreichs durch zerstörungslüsterne Feinde, aus der allerhöchsten Gefahr für den Bestand beider Reiche, die wahre und rechte Ordnung Mitteleuropas, an der alle Feinde zu Schanden würden, hervorgehen.*)

*) Die unglaublich querköpfige Ansicht, es hätte sich von Oesterreichs Seite bei einer aktiven Balkanpolitik nur um eine jesuitische Propaganda gehandelt, will ich nicht unerwähnt lassen, ohne ihr die Ehre einer längeren Widerlegung antun zu wollen — sie ist zu töricht. Der Jubel des ganzen Slawentums über Oesterreichs Niederlage beweist, was für Dinge im Spiel waren und sind, und ein Blick auf

Auf Cumberland folge Habsburg als ewiger Eidgenosse des deutschen Bundes und Deutschland-Oesterreich sind gerettet und stehen vor dem Tore ihrer Größe!

Es mag auch die Kehrseite der Sachlage aufgezeigt werden, die sich in dem Falle enthüllen wird, wenn der Friede vorläufig gewahrt und Oesterreich seiner Zerfahrenheit überlassen bleibt.

In diesem Falle ist die Donaumonarchie glatthin gezwungen, sich ganz und gar dem Slawentum auszuliefern. Besteht schon jetzt vielfach die Ueberzeugung, daß die Slawisierung Oesterreichs sich planmäßig und unaufhaltsam vollziehe, und daß von einem deutschen Charakter des Habsburgerreiches nicht mehr gesprochen werden könne, so ergibt sich fürderhin geradezu die Notwendigkeit für die Staatsleitung, alles zu vermeiden, was den Panslawismus irgendwie aufreizen könnte, und ihm vielmehr alle Wünsche zu erfüllen und jeden Vorschub zu leisten.

Der Panslawismus ist heute im Südosten Europas Trumpf. Graf Jvo Vojnovic schrieb im Narodni Obzor: „Wir sehen, wir reden, wir gehen anders als vor dem Balkankriege. Das Jahr 1912 war das Jahr der nationalen Wiedergeburt des Slawentums, es hat uns gelehrt, wieviel Energie und Willenskraft in uns vorhanden ist. Daher gilt es nun zu zeigen, daß W i e n die Hauptstadt einer Monarchie slawischer Nationen ist, wir müssen Wien erobern!"

Der Panslawismus hat sich in der Tat das Ziel gesetzt, vom Erzgebirge und der Adria süd- und ostwärts zu herrschen.

Die Landkarte zeigt die Folgen der Politik des Winters 1912/13 für die beiden Kaiserreiche. Wenn im Gefolge eines Sieges Mitteleuropas die römische Kirche auf dem Balkan Boden gewinnt, so verdrängt sie damit nur die slawische Orthodoxie und bricht dem deutschen Einfluß Bahn. Die Interessen des Deutschtums und des Katholizismus gingen aber in diesem Falle zusammen, wie bei der Eroberung Ostelbiens im Mittelalter, und wie es an vielen Missionsstätten der Fall ist. Diesen Gedanken hat sogar der gewiß einwandfreie Romgegner Geheimrat Prof. Ad. Harnack in einer Rede vor der Berliner Akademie der Wissenschaften ausgeführt.

Die Stellungnahme Rumäniens in der Rolle einer Vormacht der Balkanstaaten ist nichts als ein Trugbild; Rumänien wird bewußt oder unbewußt die Dienste Rußlands tun müssen, solange es sich an der Seite des Dreiverbandes hält, und zuletzt wird es am Enderfolge selbst zugrunde gehen: die Zertrümmerung Oesterreichs wird im Südosten ein Chaos schaffen, in das Rußland herrschend eingreift. Trotz Rumäniens scheinbarer Vormachtstellung ist im Südosten der Panslawismus obenan, nämlich der Gedanke, daß Oesterreich geteilt werden müsse, was einzig und allein im Interesse Rußlands, der Mutter des Panslawismus, liegt.

Vor kurzem hat ein (vereinzelter) Engländer, Sir Max Wächter, in der Fortnightly Review und gleichzeitig in der „Deutschen Revue" einen Aufsatz veröffentlicht, in welchem er nichts Geringeres als eine vollständige politische Union zwischen England und dem Deutschen Reiche vorschlug. Die Einsicht, daß England mit dem heutigen Zustande bereits ein Uebergewicht des russischen Halbasiatentums in Europa geschaffen hat, mag der uneingestandene Grund zu diesem so merkwürdig anmutenden Wunsche gewesen sein. Es ist aber sonderbar, daß englische Staatsmänner mit den gewagtesten Gedanken daherkommen dürfen und sofort damit ernst genommen werden und in den vornehmsten Zeitschriften sie vortragen können, während ein deutscher Politiker, der auch nur auf das Nächstliegende verweist, was geschehen sollte, stets die Aburteilung als Phantast und Utopist zu gewärtigen hat.

Wenn schon von einer deutsch-englischen Union öffentlich gesprochen werden darf, ist dann nicht die deutsch-österreichisch-südosteuropäische geradezu eine Selbstverständlichkeit?

Auf den Willen des deutschen Gesamtvolkes, der deutschen und österreichischen Dynastie und ihres Heeres und das Einverständnis mit jenen Nationen der Donaumonarchie gestützt, deren Lage dabei verbessert wird, ist in der Tat die Schaffung der mitteleuropäischen Einheit möglich und durchführbar, und sie m u ß vollzogen werden.

III.

Der schlimmste Schaden, der die Politik des Deutschen Reiches beeinträchtigt und hemmt, ist der Mangel an großen Zielen. Oft und oft ist das schon ausgesprochen worden, ohne daß die Mahnung in weiten Kreisen und an den leitenden Stellen Gehör gefunden hätte. Mit allgemeinen Redensarten von den herrlichen Zeiten, denen wir entgegengeführt werden sollen, von dem deutschen Weltreich usw. war der Sache nicht gedient, eher geschadet, im Auge der Freunde sowohl wie namentlich der argwöhnischen Feinde, und auch Kraftsprüche, wie das schon erwähnte Wort Bülows: „**im kommenden Jahrhundert hat das deutsche Volk die Wahl, ob es Ambos oder Hammer sein will**", sind eben Redensarten geblieben, da ihnen eine klare Auslegung nicht gegeben wurde.

Vortrefflich hat Arthur Dix in seiner Schrift „Deutscher Imperialismus" (Leipzig, Weicher) dargelegt, wie bitter not uns die Wegweisung zu festen Zielen täte. Er prägt das Mahnwort „wir haben nur eine Wahl: zu wachsen oder zu verkümmern!" und führt höchst belehrend aus, wie die neue Schule der Nationalökonomie ganz und gar zur Lehre vom Imperialismus übergegangen ist.

„Die Zeit der Kontinentalpolitik ist vorüber, die Welt steht im Zeichen des Imperialismus", rief auch Bassermann im Reichstage bei der Erörterung der Wehrvorlage und schon wiederholt in Versammlungen aus — aber wo liegt das Ziel unseres Imperialismus? Wenn andere Reichsboten, wie z. B. Pachnicke daneben den ödesten Philisterstandpunkt aus der Pfahlbürgerzeit vertreten: „Das deutsche Volk ist mit seiner jetzigen Abgrenzung zufrieden und wünscht keine Veränderungen", genau wie es 1870 in der bayerischen Kammer lautete — was soll denn die Nation von der hohen Politik denken? Nichts als Verwirrung bleibt jedesmal als Folge der Aussprachen über die Weltlage im Reichstage übrig, die wenigen klugen und energischen Worte verhallen in den Friedens- und Sättigungspsalmen der Hauptredner aller Parteien.

Wie ist das aber anders möglich, wenn schon die größte
Rüstungsvorlage, die je erlebt wurde, mit einer Kanzlerrede
begründet ward, der jeder große Zug mangelte, die aus lauter
Gemeinplätzen zusammengesetzt war! Wir hörten, daß die Be=
ziehungen zu allen Regierungen gut, zu England sogar herzlich
seien, daß der Dreibund fester stehe, als je, daß der Panslawis=
mus nur ein Schlagwort sei, so daß eigentlich nur die unerhörte
Lebenskraft der Balkanstaaten als bedenkliche Erschwerung der
Lage übrig blieb, d. h. eines Bundes von Staaten mit insgesamt
10 Millionen, die Eroberungen hinzugerechnet 15 Millionen
Bewohnern! „Treu zum Bundesgenossen stehend" habe das
Deutsche Reich dafür gesorgt, daß er nicht in einen Krieg ver=
wickelt wurde — diese eine Wendung kennzeichnet den Tiefstand
der bisherigen Außenpolitik. Man brachte den Verbündeten, in=
dem man ihm in den erhobenen Arm fiel, in eine schwierige
Lage und muß deshalb seinen Verlust an Kraft durch eigenen un=
geheueren Aufwand ersetzen.

Nun, daß endlich die deutsche Rüstung auf die notwendige
Höhe gebracht wird, das ist wenigstens eine gute Wirkung der
schlimmen Fehler, wenn es auch zu lächerlich ist, daß die Re=
gierung für eine Staatskunst noch belobt wird, deren Schwäche
durch solche Opfer wettgemacht werden soll. Aber was wird
man mit der großartigen Rüstung nun beginnen? Sofort erhoben
sich jubelnde Stimmen, daß sie die endliche, verläßliche Sicherung
des Friedens bedeute! Frankreich, der Störenfried, müsse nun den
Wettlauf aufgeben.*) Die entsetzliche Sättigungs= und Verteidi=
gungsstimmung, in die uns die vierzig Reichsjahre eingewickelt
haben, scheint einfach unausrottbar zu sein. „Mögen sie nur
kommen!" — dieser Vers des Cheruskerliedes ist der schneidigste

---

*) Diese kindliche Freude hielt nicht lange vor, da Rußland alsbald die Er=
höhung seiner Heeresstärke von 38 auf 41 Armeekorps ankündete und Frankreich
durch die Einführung der dreijährigen Dienstzeit ein noch viel größeres Opfer
brachte, als das deutsche Volk. Die wahre Einsicht ist die, daß wir nicht imstande
sind, in unsern Rüstungen mit dem als gegebene feste Größe zu rechnenden franko=

4*

Wahlspruch, zu dem sich selbst die tapfersten Kriegervereinsredner aufschwingen. Daß die Welt sich einfach an uns vorbeientwickeln und uns in unserer Igelrüstung sitzen und verhungern lassen kann, diese Einsicht will nicht aufdämmern.

Kann das so bleiben, selbst in dem Falle, daß die anderen nun den Mut verlieren würden, uns anzugreifen, könnten wir wirklich stehen bleiben und vertrauen, daß damit unser Wohlbefinden gesichert sei?

Längst sagen uns die Volkswirte voraus, daß die großen, geschlossenen Wirtschaftsgebiete die kleinen unfertigen überflügeln und totdrücken werden, **daß die großen Agrarländer von uns die Zulassung ihrer Bodenerzeugnisse fordern oder die Grenzen für unsere Industrie sperren werden. Die Landwirtschaft wird das erste Opfer unserer Kontinentalpolitik sein,** denn auf die zwei Dritteile des Volkes, die von der Industrie leben, muß schließlich doch Rücksicht genommen werden. Nach dem ersten Opfer wird bald das der Preisgabe einzelner Industriezweige folgen, um wichtigere zu retten, so werden große Teile der Bevölkerung in ihrer Kaufkraft geschwächt oder zur Abwanderung genötigt und die Landwirtschaft verliert ihren Absatz auch dort, wo er noch durch Tarife geschützt werden könnte. Mit der Industrie bricht auch die Landwirtschaft zusammen, das steht außer Zweifel, daher ist das ablehnende Verhalten der Agrarier gegen eine südöstliche und kleinasiatische Kolonisationspolitik so kurzsichtig, als nur möglich. **Rußland und Amerika können, wenn sie die Einfuhr ihrer landwirtschaftlichen Erzeugnisse erzwingen, billiger nach Deutschland liefern, als Klein**-

russischen Bunde Schritt zu halten — wenn wir auch den Nachbar im Westen überflügeln, dem im Osten können wir seine Waffenaufgebote doch nicht nachmachen, ebensowenig als wir je eine Flotte erreichen, die denen des Dreiverbandes gewachsen ist. Uns hilft nur eine kluge, zielbewußte Staatskunst — mit Gewalt dringen wir nicht mehr durch, wir sind zu wenig und der Gegner zu viele.

asien. Dafür hätte die Industrie in Kleinasien einen sichern
Markt, den Absatz nach außen aber verliert sie bei nächster Gelegenheit auch.*) Die Behauptung, daß wir imstande seien und
sein müßten, unser Volk aus den Erzeugnissen des eigenen Bodens
zu ernähren, ist geradezu lächerlich. Daß dies bis heute noch fast
zur Genüge möglich ist, verdankt man dem Goldstrom aus dem
Auslande, dem Arbeitsverdienst der Industriebevölkerung, der
den Landwirten schöne Einnahmen bringt und ihnen die intensive Bodenausnützung mittels chemischer Düngung usw. ermöglicht. Haben die Arbeiter kein Geld mehr, so nehmen die Landwirte nichts mehr ein und vermögen ihre Wirtschaftskosten nicht
mehr zu bestreiten. Vom eigentlichen Bodenertrage, in einer Art
Naturalwirtschaft, vermögen in Deutschland doch nur etwa 30
Millionen zu leben, 1 Mensch vom Hektar Ackerland.

Unsere Maschinenfabriken liefern, gleich denen anderer Länder, immer vollkommenere Werkzeuge in unsere fremden Absatzgebiete, die Massenartikel werden immer leichter herstellbar, von
Massenartikeln aber lebt die Masse, nicht von Qualitätsware,
deren Herstellung vielleicht einige Hunderttausende ernährt. Wie
es die Schweiz erlebt, daß ihre Industrien, Uhrenindustrie, Seidenindustrie, Stickerei mit den vollkommenen Maschinen in die bisherigen Absatzgebiete auswandern, so daß das Land ohne den
Ertrag des Fremdenverkehrs nicht bestehen könnte, so wird
Deutschland eine immer größere Proletarisierung der Arbeiter
in den Massenartikelindustrien, die Auswanderung ganzer Fabrikationszweige und eine immer raschere Folge von Krisen erfahren, sobald einmal die erste große Stauung auf dem Weltmarkte eingetreten ist. In Zeiten der Hochkonjunktur allerdings
will niemand an derlei denken, so wenig als im Fasching an die
Bußzeit, man vergrößert die Betriebe ins Unendliche und ist

---

*) Geradeheraus und auf Umwegen wird der Gedanke der deutschen Weltpolitik und der großen Kolonisation in der agrarischen Presse fortwährend bekämpft.
Graf Reventlow begrüßt geradezu in der „Deutschen Tageszeitung" das Scheitern
der Bagdadbahn-Pläne, da aus ihnen der deutschen Landwirtschaft der größte
Schaden erwachsen wäre. --

überzeugt, daß die Bäume bis in den Himmel wachsen oder noch höher.*)

Aber der Tag wird kommen, daß reine Industrieländer, das sind solche, die ohne den Auslandsmarkt nicht leben können, also gehört auch Deutschland dazu, am Ende ihrer Weisheit stehen und solchen Wirtschaftsgebieten, die in sich alle nötigen Rohstoffe erzeugen und einen ausreichenden Inlandsmarkt besitzen, auf Gnade und Ungnade ausgeliefert sind. Es mag noch Jahrzehnte dauern — das ist eine kurze Spanne Zeit, und die moderne Entwicklung pflegt ohnedies, seit sie im Gange ist, schneller zu laufen, als man ahnt.

Nicht anders verhält es sich mit unserer Kolonisations=Politik, auch sie geht von der Hand in den Mund, wie die Wirtschafts= politik. Eine Woge von Befriedigung läuft durch das Land, seitdem das Zauberwort Innenkolonisation entdeckt ist, das uns so recht paßt, weil es die herzlich unbequeme Neulandfrage zu lösen verspricht, ohne daß die schreckliche Außenpolitik in An= spruch genommen werden muß. Die Innenkolonisation ist in der Tat nichts anderes als ein Lotterbett der Feigheit, Gedanken= losigkeit und Schwäche, eine schlechte Ausrede vor unserm natio= nalen Gewissen, aber auch ein schändlicher Verrat an unseren

---

*) Vor kurzem hat bekanntlich Herr Normann Angell jenen Rattenfänger= zug nach Deutschland unternommen, auf dem er uns die „große Täuschung" klar= machen wollte, daß Kolonien keinen politischen oder wirtschaftlichen Wert hätten. Wer diesen Sendling wohl bezahlt hat? Leicht möglich ist es, daß irgendein internationales Klüngel sich zusammengefunden hat, um mit der deutschen Torheit noch rechten Ulk zu treiben. Wenigstens haben Engländer, Franzosen, Amerikaner u. s. f. uns noch nicht gebeten, daß wir ihnen doch die Last der unnützen Kolonien abnehmen sollten, obwohl sie Angells Lehre große Bedeutung zuschreiben. Dr. Strese= mann hat dankenswerterweise eine Antwort darauf erteilt durch den Nachweis, daß England in seinen Kolonien für 2492 Millionen Absatz hat, Deutschland aber nur für 242 Mill. Mk. in die englischen Kolonien ausführt; in den französischen Kolonien verkauft Frankreich für 737 Millionen, Deutschland für 13 Millionen! Aus diesen Ziffern läßt sich das künftige Schicksal unserer Industrie herauslesen. Ohne die schnellste Durchführung eines imperialistischen Programms ist sie in nicht ferner Zeit verloren.

Nachkommen. Was vermag die Innenkolonisation zu leisten? Wenn der Großgrundbesitz, samt Fideikommissen, so aufgeteilt würde, daß er nur mehr den auch von den Gegnern zugelassenen Umfang von 15% des Nutzbodens einnähme, und wenn die drei Millionen Hektar kultivierbaren Oedlandes völlig kultiviert wären, so ließe sich im ganzen eine Bauernbevölkerung von 5—6 Millionen Menschen, mit den höchsten Maßstäben gerechnet, auf den gewonnenen Flächen unterbringen. Nehmen wir an, daß unsere Bevölkerungszunahme wirklich schwächer wird, so ist doch in zehn Jahren spätestens ein Zuwachs von sechs Millionen da. Es sind ferner etwa eine Million ausländische Arbeiter zu ersetzen, was durch den Zuwachs von zwei Jahren geschehen ist.

Unsere jetzigen afrikanischen Kolonien aber könnten nach Jahrbuchsberechnung einmal 2 Millionen Weiße beherbergen, aber erst nach einer Erschließung die noch Jahrzehnte in Anspruch nehmen kann.

Somit sorgt heute die deutsche Nation für die eigene Unterkunft auf ein volles Dutzend Jahre voraus, das ist großzügige nationale Politik.

Frankreich müßte, wenn es die letzte Bevölkerungsvermehrung, die es hatte, dauernd behielte, 1000 Jahre lang den Zuwachs hinaussenden, um seine Kolonien halbwegs zu besiedeln (Trietsch).

Wir aber sind die Nation Friedrich Lists, der uns zurief:

„Die Staatsmänner großer Völker sollen nicht nur für die Gegenwart denken und sorgen, ihr Geist muß bis in die fernste Zukunft vorausdringen, wollen sie nicht Gefahr laufen, ihr allzu beschränktes Streben nach dem Beifall der Zeitgenossen mit dem Vorwurf künftiger Geschlechter, daß sie die Zukunft verscherzt hätten, büßen zu müssen."

Die erobernden Volkskönige früherer Zeiten, die Markgenossenschaften, steckten lange vorher das Land ab, das sie später besiedeln oder roden wollten, und warteten nicht, bis andere es ihnen wegnahmen. Während wir unsere letzten Winkel zu Hause ausstöbern, bemächtigen sich andere der weiten Welt, wo Millionen und Millionen Hektar künftigen Kulturlandes der Erschließung harren. Wir tun so, als wäre die Erde schon bis zum letzten Quadratmeter aufgeteilt, so daß allerdings nichts übrig bliebe als die äußerste Ausnützung des eigenen Fleckchens, die, nebenbei bemerkt, immer ein Raubbau ist, denn auf alle Zeiten läßt sich der Boden nicht chemisch notzüchtigen. Alle Rassen mögen sich tummeln auf unbegrenzten Flächen, die teutonische aber muß ihre letzten Schutthaufen zu Hause umackern.

Die Innenkolonisation ist gut und muß durchgeführt werden. Aber sie darf nicht die Ausrede und der Deckmantel des feigen Verzichtes auf unsere Weltaufgabe sein. Sie braucht nicht im Handumdrehen erledigt zu werden, denn noch nach Jahrzehnten wird es Deutsche geben, die lieber im alten Vaterlande ein Stück Boden urbar machen, als daß sie auswandern. Sie kann planmäßig auf eine längere Zeitspanne verteilt werden, wobei man zunächst nur die national gefährdeten Landstriche ins Auge zu fassen braucht. Soll mit dem letzten stimmungsvollen Moor so rasch aufgeräumt werden, um die deutsche Heimat möglichst bald in das Land ödester Nützlichkeit zu verwandeln? Ausgerichtete Wälder, ausgerichtete Dorfstraßen und eine Allee von Essen dazwischen — o Land der Romantik!

Wir haben ja gar keine Auswanderung mehr — zu was brauchen wir dann noch Neuland? So rufen heute zahllose Stimmen aus dem Chor der Weltdusler. Nun 20—30 000 Menschen, die von dannen ziehen, sind aber immer noch kein Pappenstiel; hätten wir nur diese Menge seit 1890 jedes Jahr planmäßig ansiedeln können, so säßen irgendwo in der Welt bald eine Million Deutsche beisammen, und das wäre vielleicht doch besser, als nichts, als daß sie größtenteils in den großen Verbrennungsherd des Deutschtums, nach Nordamerika, gezogen sind. Aber es steht noch anders: Jahr für Jahr gehen wohl 200 000 Deutsche aus Rußland, Ungarn, Galizien, Oesterreich, auf die Wanderschaft und verschwinden in der Welt. Würde es sich nicht

verlohnen, für diese Massen eine Stätte zu bereiten, auf der in
10 Jahren etwa zwei Millionen Stammesgenossen hausen könn=
ten, ohne daß das Deutsche Reich selbst Menschenzuschuß zu leisten
brauchte? Wie übrigens eine größere Krisis in der Industrie
eintritt, müssen Hunderttausende auswandern. Haben wir keine
eigenen geeigneten Kolonien, gehen sie nach Amerika u n d
s t ä r k e n u n s e r e G e g n e r.

Vor kurzem lief die Berechnung durch die Zeitungen, daß
jährlich aus Norwegen allein 20—30000 Menschen nach den
Vereinigten Staaten ziehen und daß sich die gebürtigen Norweger
und ihre Nachkommen in der Union wohl auf 750000 Köpfe
schätzen lassen. Man denke es einmal vom germanischen Stand=
punkte aus, was die Zusammenführung nur eines Teiles dieser
nordischen Abwanderung (die auch nur ein Teil der skandina=
vischen ist), mit deutschen Siedlern in einem d e u t s c h e n Zu=
kunftslande bedeuten würde! Und dazu könnten Schweden,
Dänen, Holländer, Vlamen gezogen werden, wenn nur erst das
rechte Land geöffnet wäre — denn in Amerika ist ja auch für
den willkommenen Einwanderer das Emporarbeiten mit den
größten Schwierigkeiten verknüpft.

Eine Schmach ist es für alle europäischen Festlandgermanen,
deren führendes Volk die Deutschen sein sollen, daß sie in keinem
Kulturlande der übrigen Welt ihre Hauptsprache als Herren=
sprache einzuführen vermochten. Slawisch herrscht in Nordasien,
Romanisch in Nordafrika und im ungeheuren Südamerika und
Mittelamerika (das winzige Portugal konnte dem Osten Süd=
amerikas seine Sprache aufzwingen!), Englisch sonst fast überall
in der Welt — Deutsch nirgends als zu Hause. Dabei zählen wir
90 Millionen Ober= und Niederdeutsche im geschlossenen Sprach=
gebiete Mitteleuropas (und 11 Millionen Skandinavier) während
die Großrussen nur 75, die Engländer nur 40 Millionen Ange=
hörige des Stammvolkes zählen. Und doch konnte Charles Dilke
sagen: „The world is rapidly becoming English" und ein ande=
resmal: „in Europa haben nur zwei Nationen eine Zukunft, die
englische und die russische".

Heinrich Treitschke gibt dem kühnen Engländer völlig recht, denn auch er mahnt uns: „letzten Endes hängt die Zukunft des deutschen Volkes davon ab, wieviel Menschen auf der Erde deutsch sprechen!" —

In einem der Dezemberhefte des „März" 1912 hat Alfred Dirr in Tiflis, also ein Mann, der die Dinge aus der Nähe beobachten kann, bitterliche Klage geführt, daß das Deutsche Reich nicht in Kleinasien Siedlungen angelegt habe, schon um die ziellos auswandernden Deutschrussen, einen überaus tüchtigen Bauernstamm, zu sammeln und für die deutsche Zukunft nutzbar zu machen.

In Nr. 46 der Alldeutschen Blätter 1913 erhebt dann M. S., ein Mitarbeiter in Rußland, wiederum und noch dringender denselben Notruf. Die Ausbreitung, ja das Dasein der 1½ Millionen Deutschrussen wird gehemmt und unterbunden, die Regierung will, daß sie auswandern — wohin mit ihnen? Weiß Deutschland wirklich keinen Platz für sie (die wenigen, die in der Ostmark angesiedelt werden, kommen kaum in Betracht). Soll auch dieses Stück Volkskraft in die Welt auseinanderstieben, um alle unsere Feinde zu stärken? Können wir denn nicht wirklich in Kleinasien Siedlungen anlegen?

Ja, Vorderasien — früher war es das Idealland deutscher Kolonialschwärmer! Heute ist es ganz aus der Meinung geraten, so daß verlacht und bekämpft wird, wer den Gedanken Moltkes, Lists, Roschers, Kärgers, Dernburgs, Siemens', Pressels, Südenhorsts usw. wieder aufnimmt.*)

Einer der besten Kenner des Orients, Professor Dr. A. Sprenger, früher Vorsteher der mohammedanischen Hochschule

---

*) Vgl. die Flugschrift des Alldeutschen Verbandes „Deutschlands Ansprüche an das türkische Erbe", Lehmann, München 1897, in der Dr. Adolf Lehr die Aussprüche der großen deutschen Politiker über diese Frage zusammenstellte.

in Kalkutta, veröffentlichte 1886 eine Broschüre: „Babylonien, das reichste Land in der Vorzeit und das lohnendste Kolonisationsfeld für die Gegenwart". Er sagt darin u. a.:

„Der Orient ist das einzige Territorium der Erde, das noch nicht von einer der emporstrebenden Nationen in Beschlag genommen worden ist; er ist aber das schönste Kolonisationsfeld, und wenn Deutschland die Gelegenheit nicht verpaßt und danach greift, ehe die Kosaken die Hand danach ausstrecken, hat es in der Teilung der Erde den besten Teil errungen. Denn bei der Kolonisation des Orients würde das ganze deutsche Volk in allen seinen Schichten und Ständen gewinnen. Der deutsche Kaiser hat, sobald einige hunderttausend deutscher Kolonisten in Waffen jene herrlichen Gefilde bebauen, die Geschicke Vorderasiens in seiner Hand und kann und wird ein Hort des Friedens für ganz Asien sein. Der Kaufmann und der Gewerbetreibende findet ein ergiebiges Feld für seine Tätigkeit, dem Kapitalisten eröffnen sich Gelegenheiten für sichere, vorteilhafte Geldanlagen, und die Enterbten, welche den größten und nicht gerade den schlechtesten Teil der Nation ausmachen, können, insofern sie Geschick, Lust zur Arbeit und Unternehmungsgeist besitzen, zu wohlhabenden Landwirten werden." . . . .

Ein anderer Sachverständiger, der Kolonialtechniker Dr. Karl Kaerger schrieb in seiner lesenswerten Flugschrift „Kleinasien ein deutsches Kolonisationsfeld":

„Für die Türkei wäre das sicherlich die wertvollste Gegenleistung, die sie auf politischem Gebiete überhaupt empfangen könnte; für das Deutsche Reich aber läge ein doppeltes Interesse, ein staatspolitisches und ein wirtschaftliches vor, mit der Türkei ein derartiges Bündnis einzugehen.

Ein staatspolitisches, denn für das Deutsche Reich würde es die stärkste Gefährdung der herrschenden Stellung bedeuten, die es seit 1870 im europäischen Konzert einnimmt, wenn entweder Rußland oder England noch weitere Teile des türkischen Reiches an sich reißen oder in eine irgendwie geartete Abhängigkeit bringen würden.

Ein wirtschaftspolitisches, denn gegenüber dem immer engeren Abschluß Amerikas und Rußlands gegen europäische Manufakte und dem drohenden Zusammenschluß Englands und seiner Kolonien zu einer wirtschaftlichen Einheit erscheint für das Deutsche Reich die einzig richtige Politik die der Handelsverträge mit dem außerrussischen Europa und Asien und die schließliche Erweiterung derselben zu einem eigentlichen Zollbunde. Die Notwendigkeit, die auch für die übrigen europäischen Staaten besteht, den gleichen Weg zu verfolgen, wird ihre Bedenken gegen eine deutsche Politik, welche mit diesen handelspolitischen Abmachungen zugleich jenes oben angedeutete Vertragsverhältnis verbindet, zurückzudrängen vermögen und damit die Gefahr beseitigen, daß aus diesem Vertragsverhältnis mit der Türkei unser freundschaftliches Verhältnis zu den beiden anderen Dreibundsmächten eine Erschütterung erleiden möchte.

Gelingt es dem Deutschen Reich, unter Bewahrung der Freundschaft mit Oesterreich und Italien, an welcher unter allen Umständen festzuhalten die politische Lage Europas zweifellos fordert, den Strom seiner Auswanderung in die fruchtbaren Gebiete der Türkei zu lenken und mit dieser eine engere zollpolitische Verbindung zu erlangen, so würde damit die ganze wirtschaftliche und damit auch politische Zukunft Deutschlands auf eine ungleich breitere und festere Grundlage gestellt werden, als wenn das gegenwärtige Abströmen Hunderttausender von Landsleuten und Millionen von Kapitalien in Länder fortdauert, deren wirtschaftsfeindliche Haltung uns gegenüber von Jahr zu Jahr zunimmt."

So lauteten die maßgebenden Stimmen, bevor durch die Bagdadbahn der Deutschen Bank ein wirklicher Mittelpunkt deutscher Interessen in Vorderasien geschaffen wurde, und auch noch zur Zeit Georg v. Siemens begleiteten die Hoffnungen der Neulandsucher auf das lebhafteste die Fortschritte des deutschen Werkes. Aber dann wurde es anders: es kam ein französischer Generaldirektor (Huguenin, ein Waadtländer), der unter den In-

gemeuren und Beamten das deutsche Element immer mehr zurück=
drängte und die französische Geschäftssprache für die deutsche
Bagdadbahn einführte. Die Anfänge deutscher Siedlungen wur=
den nicht mehr gefördert und in Deutschland selbst begann eine
planmäßige Bearbeitung der öffentlichen Meinung zu dem Zwecke,
daß jeder Gedanke an eine deutsche Kolonisation in Kleinasien
als chauvinistische Utopie lächerlich und unmöglich gemacht wer=
den sollte. Und wer gegen den Chauvinismus loszieht, hat es
bei den großen Parteien in Deutschland schon gewonnen. Mit
Hilfe dieses Schlagwortes kann man den Deutschen jederzeit zum
Harakiri veranlassen.

Albrecht Wirth hat in seiner trefflichen Schrift „Türkei,
Deutschland, Oesterreich" (Stuttgart, Dolge) klargelegt, wie die=
ser Umschwung im Denken der deutschen Kolonialpolitiker ent=
standen sei. Die „Deutsche Bank" selbst hat, dem internationalen
Kapital, das mit ihr an der Bagdadbahn arbeitete, zu Gefallen,
und um den Widerstand Englands zu überwinden, unabläffig
den Gedanken einer deutschen Siedelung in Vorderasien, der vor=
her den besten deutschen Köpfen als Selbstverständlichkeit galt,
niederkämpfen lassen, was bei den Mitteln, über die sie verfügt,
nicht schwer war. Wenn die Oeffentlichkeit durch zehn Jahre
von der Presse, die zum großen Teile von den ihr vorgelegten
Begründungen überzeugt sein mag, über die Untauglichkeit eines
Planes belehrt wird, so glaubt sie zuletzt natürlich felsenfest, daß
sie sich früher geirrt habe. Paul Rohrbach führt die Gründe an,
weshalb die deutsche Besiedelung Vorderasiens ausgeschlossen
sei: 1. die Ansetzung staatsfremder Kolonisten würde zu allerlei
rechtlichen Schwierigkeiten führen, 2. die Ansiedler würden sich
mit den umwohnenden Mohammedanern nicht vertragen, 3. paßt
das Klima nicht. Ernst Jäckh kommt in der Schrift vom „Auf=
steigenden Halbmond" auf diese Gründe zu sprechen und sagt
„politisch=staatsrechtliche, religiös=konfessionelle und geographisch=
klimatische Ursachen sprechen gegen jeden Gedanken einer Kolo=
nisation". Jäckh merkt also, daß alle Gründe hinken, weshalb
er sie auf zwei Phrasenbeine zu stellen versucht. In Wirklichkeit

hält kein einziger dieser Einwände Stich. Schon eingangs der Schrift ist aus Rohrbachs eigenem Buche angeführt, daß Willcocks in Mesopotamien englische Untertanen ansiedeln will, für England bestehen daher „politisch=staatsrechtliche" Bedenken nicht. Wohl aber dürfte der Sultan wissen, daß deutsche Siedler die gehorsamsten, steuerkräftigsten und zahlungswilligsten Untertanen sind, allüberall auf der Welt, die besten Stützen jeder Ordnung und Obrigkeit, während englische Siedler eben als Vorbereiter der englischen Besitzergreifung daherkommen. Von konfessionellen Bedenken zu reden ist ebenso lächerlich, denn längst wohnen im Kaukasus, am Libanon, in Bosnien deutsche Kolonisten friedlich neben Moslim, sofern diese nicht als Räuberbanden auftreten. Die „geographisch=klimatische" Schwierigkeit erledigt sich durch die Tatsache, daß im ungünstigsten, heißesten Klima am Libanon deutsche Kolonien auf das Beste gedeihen. Wohl würde Mesopotamien kein eigentliches Bauernland, aber Raum für solches ist auf dem übrigen Boden Vorderasiens genug, der, ohne Arabien, nur 15 Millionen Bewohner zählt; während er wohl einmal die sechsfache Zahl ernähren wird. **Sollen das Asiaten sein, Menschen der gelben oder gar der schwarzen Rasse? Ist es nicht eine Sache Europas, daß der Weiße dieses Land noch rechtzeitig in die Hand nimmt, damit die Grenze der Rassen nach Osten und nicht nach Westen bis an den Bosporus gerückt wird. Ist es nicht ein Verbrechen am Europäertum, wenn England lieber Hindus, Kulis und Fellachen in das Zweistromland einführen will, als daß es den Deutschen einen Anteil an der Erde gönnt?**

In der jüngsten Zeit nun wagt sich langsam und bescheiden doch wieder die Andeutung hervor, daß Kleinasien für eine deutsche Kolonisation in Betracht käme. Hugo Grothe sagt in der Flugschrift „Die asiatische Türkei und die deutschen Inter=

essen" (1913): "Durch das Mittel der Kolonisation wird Deutschland kaum in absehbarer Zeit durch großangelegte Maßnahmen seinen Einfluß zu erweitern gesonnen sein. Die politischen Verhältnisse verbieten die **organisierte Einpflanzung** einer großen Anzahl von deutschen Ackerbauern auf das reichlich vorhandene und vielversprechende Kolonisationsland der asiatischen Türkei. Gegen vereinzelte Siedlungen an günstig gelegenen Stellen, die vorbildlich im Lande zu wirken vermögen, wie es in Palästina und Kaukasien geschah, wird die türkische Regierung keinen Einspruch erheben, da diese in ihrem eigenen Interesse geschehen möchten. Zunächst hat die Türkei alle Kräfte für die Ansiedlung ihrer eigenen, auf der Balkanhalbinsel heimatlos gewordenen Volksglieder*) anzuspannen. Die Bewässerungsarbeiten in der Drina-Ebene, durch deutsche Ingenieure und deutsches Kapital gegenwärtig glücklich beendet, bieten ansehnliches, urbar zu machendes neues Kulturland" (500 000 ha).

Dr. Hugo Grothe hat das nie hoch genug zu schätzende Werk vollbracht, daß er ein "Deutsches Vorderasienkomitee" ins Leben rief, zu dessen Vorstandschaft u. a. Ballin, v. d. Goltz-Pascha, Karl Lamprecht, Dr. Hans Meyer, Kornelius Gurlitt, Geh. R. Dr. v. Jacobs Vors. des Vorstandes der deutschen Lewantelinie, R. Witting und andere hervorragende Männer gehören (Jahresmindestbeitrag 5 Mk.). Wenn er nun als Wortführer dieser nach oben und außen sehr vorsichtigen neuen Körperschaft von der Möglichkeit und Ersprießlichkeit vereinzelter Siedlungen spricht, so klingt das schon ganz und gar anders, als was Rohrbach und Jäckh noch 1912 zu schreiben sich als "Realpolitiker" für verpflichtet hielten, und **mehr braucht man auch gar nicht zu verlangen**. Mit der grundsätzlichen Zustimmung von maßgebender Seite zum Gedanken deutscher Einzelsiedlung in Kleinasien ist das Tor zu unserer Zukunft gebrochen. Nun mag man mit der Ueberleitung der deutschrussischen Auswanderung beginnen!

———

*) Deren Zahl höchstens 1—1½ Millionen beträgt! (Der Verf.)

Wieviel noch Raum ist in Vorderasien, hat ebenfalls ein Sachverständiger, General Imhoff-Pascha, in einem hochwissenschaftlichen Vortrage in Berlin am 25. Oktober 1913 ausgeführt (in der „Internationalen Vereinigung für vergleichende Rechtswissenschaft und Volkswirtschaftslehre"): Das Land könnte 60 bis 70 Millionen Menschen fassen und zählt 15 (im nördlichen Teile), nur 2.78 % des Bodens sind bebaut.

Nach Dr. Lehrs Schrift wurden 1897 berechnet für Kleinasien, Armenien, Mesopotamien und Syrien 1 320 000 qkm mit 14.4 Millionen Bewohnern.

Nun ist es ohne weiteres klar, daß die Türken erstens kein Volk sind, das ein Land überhaupt kultivieren kann, zweitens, daß ihre Vermehrung in dem Grade, daß sie das Gebiet ausreichend bevölkern könnten, kaum möglich ist: also die Einwanderung ist unumgänglich nötig.

General Imhoff-Pascha deutet es an und von Professor Vambéry-Bamberger ging in diesem Sommer ein Aufsatz dieses Inhaltes durch die Blätter, ebenso wie im „Fränkischen Kurier" ein Fachmann den Gedanken begründete: daß die Türkei unbedingt eines festen und verläßlichen Rückhalts, einer schützenden Großmacht bedarf, wenn ihr überhaupt noch Dasein und Gedeihen beschieden sein sollen. Der Dreiverband natürlich sinnt trotz aller Schutzversprechungen auf die vollständige Teilung des türkischen Besitzes in Asien, das weiß jeder türkische Staatsmann ganz genau. Das Deutsche Reich allein ist seiner Lage und seinen Machtmitteln nach außerstande, die Aufteilung Vorderasiens zu hindern; ja auch wenn es selbst völlig ausgeschlossen würde, könnte es sich nicht dagegen wehren. Nur Mitteleuropa als Ganzes kann die asiatische Türkei in ihrem Bestande und zugleich als eigene Interessensphäre sichern. Der mitteleuropäische Staatenbund als Schutzmacht Vorderasiens mit dem Vorrechte der Erschließung und Besiedelung des Landes — das ist die einzig mögliche günstige Lösung der Orientfrage für Deutschland, Oesterreich und die Türkei selbst. —

Viel berufen wird das Wort des englischen Kolonialpolitikers Johnston, mit dem er schon 1903 uns die Idee an die Hand gab, die unsere Führer durch alle Ereignisse seitdem hätte führen sollen und auch zum Ziele geführt hätte: "Wäre ich ein Deutscher, so würde ich in meinen Zukunftsträumen ein großes deutsch-österreichisch-türkisches Reich sehen, mit vielleicht zwei Haupthandelshäfen: der eine Hamburg, der andere Konstantinopel; mit Häfen an der Ost- und Nordsee, am Adriatischen, am Aegäischen Meere; ein Reich, das seinen Einfluß durch Kleinasien und Mesopotamien bis über Bagdad hinaus geltend machen sollte. Dieses ununterbrochene Imperium, das von der Mündung der Elbe bis an die des Euphrat und Tigris reichen würde, wäre doch gewiß ein stolzes Ziel, wie es eine große Nation nur anstreben kann." Auch ein Franzose, Leroy-Beaulieu, hat den gleichen Gedanken ausgesprochen.

Das wäre in der Tat das rechte Leitwort für die deutsche Politik. Aber da Deutschland schlief, hat Englands Feindschaft durch den Balkankrieg jene Entwicklung glattweg abgeschnitten — die Engländer hätten es wohl verstanden, wenn wir das Ziel angestrebt hätten, unsere Torheit aber, daß wir es nicht anstrebten, verstehen sie nicht. Ihre Gegnerschaft konnten sie uns nicht zum Opfer bringen, aber sie hätten uns geachtet, wenn wir gegen die Gegnerschaft angerannt wären.

Die Worte Johnstons sind oft genug wiederholt worden, Arthur Dix beruft sich zustimmend auf sie, Rohrbach und Jäckh bekennen sich zu ihnen. In dem Ziele "Berlin-Bagdad" wären ja wohl fast alle deutschen Weltpolitiker einig. David Trietsch empfiehlt den Vorschlag eines Staatenbundes von der Nordsee bis zum persischen Meerbusen mit dem zutreffenden Hinweise, daß diese gewaltige Macht den Frieden Europas für immer sichern würde ("Deutschland und der Islam" 1912). In einem gehaltvollen Vortrage von Dr. Karl Mehrmann-Koblenz (1910) finden wir die handelspolitische Begründung des gleichen Gedankens. Arthur Dix verweist darauf, daß der indische und der stille Ozean die Meere der Zukunftsentscheidungen sein werden, so daß nur jene Völker in die Reihe der Weltvölker gehören, die an den Indischen Ozean gelangen. Vom Persischen Meerbusen aus hätten wir die Möglichkeit, auch den holländischen Kolonien Schutz zu gewähren, wodurch sich Holland wohl früher oder später veranlaßt sieht, sich dem mitteleuropäischen Bündnis anzuschließen; denn nur so ist es in der Lage, sich einen Kolonialbesitz zu erhalten, während er sonst in die Hände des nächsten Räubers, der zugreift, fallen wird. Belgien, dessen Lage ganz ähnlich ist, dürfte sich dann gleichfalls anschließen, so daß von der Rhein= bis zur Donaumündung ein geschlossenes Wirtschaftsgebiet entstünde.

In Skandinavien aber wird man immer mehr auf die verdächtigen Vorbereitungen Rußlands in Finland, seine Truppenverschiebungen und strategischen Bahnbauten aufmerksam. Der Warnungsruf Sven Hedins und Pontus Fahlbecks aufklärende Tätigkeit haben schon manchen der germanischen Eigenbrödler im Norden veranlaßt, auf Deutschland zu blicken und seine Gedanken über die engen Grenzpfähle hinauszulenken. Allein bei Deutschland liegt die Zukunft der Nordvölker, fällt Deutschland, so ist das ganze Festlandgermanentum der slawischen Umklammerung und Herrschaft preisgegeben. In seinem Anschlusse an den mitteleuropäischen Staatenbund, der dann vom Nordkap bis Bagdad reichen würde, finden auch die nordischen Staaten die einzig sichere Gewähr ihrer Unabhängigkeit und ihres wirtschaftlichen Gedeihens.

Kurz und treffend stellt den ganzen Gedanken dar Arthur Dix in der ausgezeichneten Schrift „Deutscher Imperialismus" (S. 21):

„Die Interessen des Reiches verweisen uns auf den Zusammenhalt mit dem europäischen Südosten; auf die gemeinsame Freihaltung der mitteleuropäischen, durch Vorderasien führenden Ausgänge nach dem indischen Ozean hin; auf die wirtschaftliche Annäherung und wechselseitige Kräftigung der Lande zwischen Elbe und Euphrat; auf die Ergänzung unserer volkswirtschaftlichen Produktion durch die Produktion Südosteuropas und die zu entwickelnden vorderasiatischen Kulturen; auf den festen militär-politischen Zusammenhalt der Lande quer durch Mittel- und Südosteuropa in der Abwehr nach Ost und West.

Das ist kein **deutscher** Imperialismus; denn hier kann und will Deutschland keine politische Herrschaft erstreben, sondern nur Hand in Hand gehen mit seinen alten Bundesgenossen und mit einer nach Möglichkeit gestärkten Türkei. Man könnte es höchstens einen **mitteleuropäischen** Staatenbund-Imperialismus nennen, für den uns, die wir das Reich nicht als Einheitsstaat, sondern als Bundesstaat haben entstehen und sich entwickeln sehen, das Verständnis nicht fehlt, der aber als politisches Hochziel den Köpfen der Masse freilich nicht so leicht und lockend eingehen wird, wie der einheitlichere imperialistische Gedanke in anderen Ländern."

Warum nicht? Ich glaube vielmehr, kein Gedanke ist dem deutschen Volke, das sich so sehr vor dem Chauvinismus scheut und um keinen Preis als Eroberer gelten möchte, so sehr gemäß. Deutschland als Führer, nicht als Beherrscher und Eroberer: für diesen Gedanken werden wohl auch die vier Fünfteile unseres Volkes, die auf internationale und pacifistische Führer hören, zu gewinnen sein.

Und der Gedanke genügt auch unsern Notwendigkeiten vollkommen. Natürlich ohne daß wir nachher die übrige Welt ohne weiteres den Andern überlassen wollen — aber dann können wir auch nachdrücklich auftreten und unsern Forderungen nach Gleichberechtigung Gehör verschaffen.

Deutschland und Mitteleuropa erhalten durch das Friedenswerk des Staatenbundes alles was sie brauchen: ein geschlossenes Wirtschaftsgebiet von 150 Millionen Menschen, das dem englischen, russischen, amerikanischen gleichwertig gegenüberstünde, da es in sich fast alle nötigen Rohstoffe erzeugt und gewaltige Absatzmöglichkeiten in sich selbst hat. Das offene Siedlungsgebiet Vorderasiens kann auf lange Zeit hinaus den Volksüberschuß Mitteleuropas in sich aufnehmen. Die deutsche Sprache gewinnt als Verkehrssprache ein weites Gebiet, ohne daß die Sprachen der

Kleinvölker unterdrückt werden, deren Kulturen sich in Anlehnung an die deutsche ebenso ungehindert wie ihre politische Autonomie auf dem eigenen Volksboden entfalten können.

Berlin-Bagdad, das wäre die Losung und das Ziel. Viele, viele haben das Wort schon aufgenommen, Männer aller Parteien, aber es sollte wie ein Sturmruf durch die ganze Nation gehen, damit sie endlich ein festes Ziel hat und weiß, was sie wollen und tun soll. **Es ist ja der Friede, der süße Friede, der uns so teuer ist, den diese Losung bringt. Kann die friedliche Einigung, der Zusammenschluß des Deutschen Reiches, Oesterreichs, der östlichen Balkanstaaten und der Türkei** zu einem politischen und wirtschaftlichen Bunde führen, und gelingt dieses Werk, so werden Europas Völker sich nicht mehr zerfleischen, die deutsche Macht ist unangreifbar.

Und hat auch der Dreiverband es dank der Politik der beiden Kaisermächte während des Balkankrieges dazugebracht, daß uns heute der Landweg nach Kleinasien versperrt, daß Rumänien von uns losgelöst und der lebensgefährliche Ring der Einkreisung rings um uns gelegt ist: noch ist es nicht zu spät, alles wieder zu unsern Gunsten zu wenden. Erst, wenn der Krieg wieder ausbräche im Südosten, dann wäre es zu spät, dann wäre Mitteleuropa verloren. Aber noch gönnt uns das Glück die Frist, Rumänien zur Einsicht in seine wirklichen Lebensinteressen, zur Einsicht in die Notwendigkeit der mitteleuropäischen nichtslawischen Gemeinschaft zurückzuführen, **indem wir ohne Verzug seine und unsere Sache in Oesterreich-Ungarn in die Hand nehmen und die notwendige Umgestaltung der Donaumonarchie zur Lebensfähigkeit auf Biegen oder Brechen durchsetzen.** Das ist die Rettung Aller, Untätigkeit der Untergang Aller.

Bauern-Neuland, ein großes Wirtschaftsgebiet, Rettung des Deutschtums in der Donaumonarchie, Rettung der Donaumonarchie selbst, Einigung des Gesamtdeutschtums, offene Türe im Südosten und freien Weg für das Deutschtum auf seinen alten Pfaden, Schutz den nichtslawischen Südostvölkern vor dem Panslawismus — kurzum Berlin=Bagdad, das Wort, das alles in sich birgt, das ist unsere Losung.

Ihre endgültige Vernichtung hieße nichts anderes, als daß wir Deutsche in alle Zukunft Ambos sind und die andern der Hammer.

An der Durchführung der Aufgabe Berlin= Bagdad hängt das Schicksal unserer Rasse.

Verfehlen wir sie, so gibt es kein Wohnland mehr in der Welt, das der Teutone als Herr betreten kann, unser Los bleibt es dann, Kulturdünger zu sein.

Man täusche sich nicht; das deutsche Volk und die deutschen Fürsten, Hohenzollern und Habsburg voran, wenn sie fortbestehen wollen in dem, was sie ererbten und nicht gar bald schon trauern sollen auf den Trümmern ihrer Größe, sie müssen heute das Zeichen erkennen, hören auf den Schlag der letzten Stunde, die ihnen vergönnt ist. Eine Unglückswolke von furchtbarster Finsternis droht über allen — die Sonne der Vernunft, des Willens, der Tat könnte sie jeden Augenblick noch durchbrechen. Ein Sturm muß sich erheben, der die Kluft reißen soll in das Gewölk, orkangewaltig muß die Losung durch die Länder fliegen: ein geeintes Mitteleuropa! Berlin=Bagdad!

Nachwort.

Zwei Neuerscheinungen des politischen Schrifttums der letzten Monate bedürfen einer besondern Würdigung, da sich gerade aus ihnen ergibt, mit welcher Gegnerschaft der Daseins- und Zukunftswillen des deutschen Volkes zu kämpfen hat.

Da ist zuerst die Schrift „Deutsche Weltpolitik und kein Krieg", die aus der Umgebung des Botschafters Fürst Lichnowsky in London hervorgegangen ist und die fraglos das Programm der Reichsregierung wiedergibt, denn alles, was im letzten Jahre in Wirklichkeit geschehen ist, entspricht genau dem Gedankengange, den die Broschüre mit viel Eindringlichkeit und allerlei interessanten Beweisbehelfen darlegt. Der wesentliche Inhalt ist der: wir vermögen England nicht überlegen zu werden und können daher die schlechthin notwendige Weltpolitik nicht betreiben, wenn England nicht mit unsern Bestrebungen einverstanden ist. Also: ziehen wir uns überall zurück, wo England uns nicht gerne sieht und arbeiten wir nach einem festen Programm dort, wo uns die übermächtigen Gegner gewähren lassen: in Mittelafrika. So werden wir ohne Krieg eine Weltmacht!

Es wäre allerdings ein besonderes Glück für eine Nation, wenn sie ohne Krieg das erreichen könnte, was bis jetzt alle Völker mit Einsetzung ihrer vollen kriegerischen Kraft erkämpfen mußten. In den berühmten letzten 25 Jahren sahen wir z. B. die Vereinigten Staaten, Japan und Italien sich durch die bewährte Methode des raschen Angriffs zu Kolonialmächten aufschwingen, England und Rußland führten gleichzeitig blutige

Kriege und Frankreich hätte um Marokkos willen auch das Schwert gezogen, wenn wir nicht die Klügern gewesen wären. Dabei galt gleichwohl Deutschland als der einzige Friedensstörer der Welt, der alle bedrohe und sie zwinge, rechtzeitig ihres Lebens Notdurft in Sicherheit zu bringen!

Also wir haben nun bald 20 Jahre an der Flotte gebaut, um den „Platz an der Sonne" neben England zu erkämpfen, und heute bekennt die Regierung ein: „Es geht doch nicht, wir kommen durch unsere Kraft nicht auf, suchen wir lieber einen Platz im Schatten Englands, betreiben wir eine Weltpolitik von Englands Gnaden! Was der große Gönner uns zuweist, damit wollen wir Weltmacht spielen." Diese Offenbarung wurde uns zuteil im Jahre der Jubiläen.

Wären wir Weltmacht, wenn wir Mittelafrika wirklich bekämen? Nein! Zur Weltpolitik und Weltmacht gehören unerläßlich die drei Dinge: 1. eigenes Absatzgebiet, 2. eigenes Rohstoffbezugsgebiet (Erze und Baumwolle), 3. eigenes Siedlungsland. Ganz Mittelafrika kann höchstens einmal 3—5 Millionen Weiße beherbergen, und nur ein von Weißen besiedelbares Land ist ein Absatzgebiet, und Mittelafrika liefert erst nach langer Erschließung vielleicht Baumwolle, aber keine Erze, denn Katanga behalten die Engländer sich ohnehin vor. Die Mittelafrikapolitik ist daher gar keine Weltpolitik, sondern nur die Attrappe einer solchen.

Mittelafrika sieht nach der Schilderung des Kolonialpolitikers Dr. Arning so aus:

„Was wir im günstigsten Falle bekommen würden, sind Schlafkrankheitsherde. Man will durchaus die uns gewordene Warnung nicht gelten lassen: furchtbarer als der schwärzeste Pessimist es sich träumen ließ, wütet die Seuche in dem durch die Kiderlen=Politik erworbenen Land. Und gerade so und zum Teil noch schlimmer als Neukamerun ist der übrige französische, der belgische Kongo verseucht. Tief hinein nach Portugiesisch=Angola streckt der Schlafkrankheitstod seine Würgefinger."

Das soll das deutsche Zukunftsland sein, das uns zur Weltmacht machen würde! Wenn wir es überhaupt bekämen! Aber nach zehnmonatlichen Verhandlungen zwischen England und dem Deutschen Reiche trat öffentlich ein portugiesischer Minister auf und erklärte, es werde der Republik nie und nimmer einfallen, ihre Kolonien abzutreten. Das, und nicht das allein, macht den bestimmten Eindruck, daß man mit dem Deutschen Reiche einen großen Ulk treibt. Es haben das französische Zeitungen ohnehin ganz klar herausgesagt: „England erfülle meisterhaft seine Aufgabe, Deutschlands Aufmerksamkeit durch Verhandlungen über Mittelafrika vom Balkan und von Kleinasien abzulenken!" Man hat zehn Monate, in der weltgeschichtliche Verschiebungen vor sich gingen, mit Verhandlungen über ein Gebiet verzettelt, das jetzt ganz belanglos ist, das vielleicht einmal in Betracht kommen könnte, wenn die ganze wirklich kultivierbare Welt aufgeteilt und der Besiedlung erschlossen ist, so daß nur mehr die Arbeit in Sümpfen und Steppen zu tun bleibt! Aber uns jetzt an den Aequator locken zu lassen, wo die Weltvölker noch die herrlichsten Zukunftsländer für die weiße Rasse an sich ziehen — das ist ein mit keinem Irrtum der Weltgeschichte vergleichbarer Wahn unserer politischen Führung, das ist der Ausdruck des Willens zum Selbstmord.

Dabei besteht noch die Tatsache, daß wir wirklich ohne Krieg zur Weltmacht werden könnten, auf dem Wege Berlin=Bagdad! Aber diesen sichern Weg wählt man aus lauter Furcht vor England nicht, sondern den andern, der in afrikanische Sümpfe hinein, aber nicht aus der Kriegsgefahr herausführt: denn die kommt vom Balkan her über Oesterreich und damit auch über uns, wenn wir selbst noch so friedfertig sind. Also alles, auch die Friedensliebe, spricht gegen Mittelafrika, und alles für die Sicherung des Weges durch den Südosten!

Dr. Hugo Grothe nennt es ersprießlich, daß durch die Verhandlungen über die Bagdadbahn klarere Verhältnisse geschaffen, ja sozusagen Interessengebiete abgesteckt wurden. Nun bearbeiten die Franzosen den Nordwesten Kleinasiens, Rußland den Nordosten, England und Italien den Südwesten, Frankreich überdies mit England Syrien und England allein Arabien und Mesopotamien. Die Deutsche Bank baut die Hauptstrecke der Bagdadbahn bis Bagdad, den Anschluß an die persische Grenze, an die Hedschasbahn und an die französischen Nordwestbahnen, die volle 2000 km lang sein werden, nur $1/3$ kürzer als die ganze Bagdadbahn. Also legt Deutschland das Rückgrat, die übrigen die Nervenstränge und die Adern, die alle Säfte an sich ziehen können, durch das Land. Das könnte denn doch auch recht gefährlich werden und uns in die Lage versetzen, daß wir „nur die Zugführer stellen, um die fremden Eroberer in das Land zu bringen!" Also muß man, wenn auch die Franzosen ihre 30% Anteile an der Hauptbahn abgegeben haben, (was nun hoffentlich die Einführung der deutschen statt der französischen Geschäftssprache zur ersten Folge haben wird), erst recht vorsichtig sein, damit uns Kleinasien nicht gründlich denaturiert wird.

Was haben England, Frankreich, Rußland, Italien, die nun die ganze übrige brauchbare Welt besitzen, überhaupt in Vorderasien zu suchen? Warum arbeiten sie nicht in Australien, Südafrika, Marokko, Mittelasien, Tripolis? Warum anders als aus purem Neid gegen die Deutschen, denen nicht ein Fleckchen Erde zu eigen werden soll? Wie Harpyen arbeiten sie alle, um das ungenießbar zu machen, was wir für uns haben wollen, und wenn sie sich selbst schon vielfach überfressen haben, sie müssen wie die Hamster noch die Backentaschen vollstopfen, nur damit wir nichts Rechtes mehr bekommen.

Wie sie alle zusammenhelfen und wie eitel die Hoffnung ist, mit der sich der deutsche Philister immer wieder tröstet, daß der Dreiverband an innern Gegensätzen zerfallen werde, das zeigt die gemeinsame Hetze des Dreiverbandes gegen die deutsche Militärmission in Konstantinopel, und zeigt die Vorsorge, die England in seinem Vertrage mit der Türkei für Rußland getroffen hat. Die Türkei muß die lange strittigen Ansprüche auf

Urmia zugunsten Rußlands aufgeben — das bewirkte England. Der Dreiverband ist eben eine vortrefflich arbeitende Erwerbsgenossenschaft, deren Teilhaber alle glänzende Geschäfte machen und daher beisammen bleiben werden, wenn sie sich auch innerlich mißtrauen und abgeneigt sind, bis der gemeinsame Zweck: die Wegnahme alles erreichbaren Landes, damit Deutschland nichts bekommt — erreicht ist. Und wir sind die kleinen Krämer, die neben dem großen Konkurrenten mit verkniffener Schlauheit sitzen und warten wollen, bis er Pleite geht.

Die schon in der Einleitung besprochene Schrift „Hinter den Kulissen des Balkankrieges" von Bresnitz von Sydakoff ist nicht minder, als die eben behandelte deutsche Regierungsbroschüre geeignet, Verwirrung zu stiften und uns den Ausblick auf das feste Ziel zu trüben.

Bresnitz v. S. will durchaus gegen Bulgarien Stimmung machen und fordert die Teilung dieses Staates unter seine drei Nachbarn und Feinde. Schon eingangs haben wir bemerkt, daß die nochmalige Vergrößerung Serbiens eben nichts anderes als seine Stärkung und Anreizung zum sofortigen Eroberungszug bis zur Drau unter der Beihilfe Rußlands wäre.

Kann es aber wahr sein, daß Rumänien sich ganz zugunsten der Serben entschieden hat? Wenn auch ein Nationalhaß zwischen Rumänen und Bulgaren besteht, so blind kann man in Bukarest nicht sein, daß man dauernd Serbien unterstützt, das einmal auf 10—12 Millionen anwachsen kann, während die Bulgaren im Ganzen höchstens 5½ Millionen zählen. Zwischen Großserbien und Rußland wäre das Rumänentum wie zwischen zwei Mühlsteinen der völligen Zerreibung ausgesetzt und jede Hoffnung auf eine Zukunft seines Volkstums und seiner Kultur wäre abgeschnitten. Rumänien kann vernunftgemäß nur das eine wünschen: ein durch Oesterreich gebundenes Serbien und ein auf seinen berechtigten nationalen Bereich beschränktes Bulgarien.

Also müßte Rumänien unbedingt einer Politik zugänglich sein, die Oesterreich-Ungarn im Innern zu einer Umgestaltung zwingt, so daß wieder das alte Bundesverhältnis zwischen Wien und Bukarest eintreten kann. Oesterreich ließe Albanien und Serbien-Montenegro ungestört, solange sich keine unerträglichen Zustände ergeben und der Türkei würde der Besitz von Konstantinopel gewährleistet: so hätte Rumänien durchaus kein Uebergewicht der Balkannachbarn zu fürchten. Wäre aber eine Aenderung nötig, so würden Oesterreich, Rumänien und Bulgarien die Teilung vornehmen, so daß Bulgarien auch dadurch nicht zu einem Uebergewicht käme. Es ist ganz unerfindlich, daß Rumänien das viel zahlreichere und stets mit Rußlands Hilfe auf Eroberungen ausgehende Serbenvolk weniger fürchten sollte, als die schwächern Bulgaren, deren höchstes Ziel ihre Unabhängigkeit ist. Den Bulgaren anderseits muß zu ihrem Frommen jede Aussicht auf den Besitz Konstantinopels verwehrt werden, denn das Volk ist zu klein, um eine Millionenhauptstadt, zumal ein internationales Kapua, ertragen zu können. Es ist auch kaum zu glauben, daß die Beziehungen zwischen Rumänien und Bulgarien so hoffnungslos verdorben sind, wie Bresnitz v. S. es darstellt. Die letzte Kundgebung des Königs Karol beim Friedensschlusse mit Bulgarien hat ganz im Sinne einer Wiederannäherung zu echter Freundschaft gelautet. Auf die Serbenbegeisterung der ausschließlich auf den gemeinsamen Eroberungszug gegen Oesterreich loszielenden rumänischen Kulturligisten unter Professor Jorga braucht vorläufig doch nicht soviel Gewicht gelegt zu werden, daß man ihretwegen jede andere rumänische Politik für ausgeschlossen erklärt.

Griechenland fällt ganz außerhalb des Interessenbereiches Mitteleuropas. Wenn Bresnitz v. S. die Kriegstaten der Neuhellenen und der Serben noch so sehr preist, um dagegen die Bulgaren herabzusetzen, so stehen dem die einstimmigen Berichte der Augenzeugen während des Krieges entgegen, von denen einer an die Münchner N. N. schrieb, Kronprinz Konstantin hätte seinen Siegen nur durch Selbstmord entgehen können. Hüten wir uns vor einer Neuauflage der Hellenenbegeisterung! Wir wünschen dem nun fast 5 Millionen Bürger zählenden Staat das Beste, müssen uns aber vorsehen, daß er nicht allzusehr sich in unserm Bereich, in Türkisch=Asien breit macht. Freund= schaft — gewiß und alle Sympathie kann Griechenland von uns haben, in unsere politische Rechnung gehört es aber gar nicht hinein, die lautet einfach: Herstellung des Landzusammenhanges mittels des Staatenbundes bis zum Bosporus. Und Saloniki!

Auch ein „nichtslawisches" Griechenland als Besitzer von Saloniki ist für uns ein Schaden, denn Griechenland kann einem mitteleuropäischen Zollbund nicht angeschlossen werden. Viel= mehr muß ein Staat, der in den mitteleuropäischen Verband ge= zogen werden kann, oder am besten Oesterreich selbst müßte Saloniki besitzen, denn **Saloniki ist ein Hafen Mittel= europas**, auf den das Donautal, das Morawatal und das Wardartal von den Karpathen her senkrecht loszielen, ebenso wie Antwerpen und Triest Häfen Mitteleuropas sind. So wenig als Frankreich Antwerpen, Italien Triest „alimentieren" und aus= nützen könnten, so wenig kann Griechenland den ganz abge= legenen Hafen von Saloniki richtig verwerten. Da muß noch einmal eine Verschiebung, vielleicht durch Tausch, zustande= kommen.

Völlig zutreffend beurteilt Bresnitz v. S. die Politik Italiens und seine neuerliche „intime Interessengemeinschaft" mit Oester= reich, die in nichts anderm bestand, als daß es Albanien eben= falls nicht in die Hände Serbiens fallen lassen, sondern vor= läufig als eigenen Staat und auf später als Beute für sich her= richten wollte, was auch den Dreiverbandmächten durchaus ge= fiel, da sich die sichere Aussicht daran knüpft, daß Italien im Kriegsfalle durch den albanischen Köder zu fangen ist. Es war tieftragisch, als Kaiser Franz Josef nach dem Friedensschlusse zu Lausanne eine mehr als herzliche Glückwunschdepesche nach Rom richtete, die kurz und herablassend erwidert wurde, aber es war hochkomisch, als ausgerechnet im Landtage Tirols, das mit Forts und Truppen gegen Italien gespickt ist, Graf Codron einen Hymnus auf den gemeinsamen Flug des Doppeladlers und der Croce di Savoia anstimmte. Und tragikomisch im Ganzen ist Oesterreichs Wedeln vor Italien, seine Nachgiebigkeit in Rechtsfragen, wie jener der reichsitalienischen Beamten und Triest usw., denn Italien ist durch Schmeicheleien gewiß nicht von seiner unbeirrbaren kraftvollen egoistischen Politik abzubringen, die stets ihren Vorteil sucht und findet. Italien wäre nur dann ein wirklicher Verbündeter, wenn auch der Dreibund eine Erwerbsgenossenschaft wäre und Italien dabei die Anweisung auf das westliche Mittelmeer, auf Korsika, Nizza, Tunis und Algier bekäme, wohin es auch die Lage seiner Hafenstädte weist — statt daß es jetzt in der Adria und Kleinasien tatsächlich als einer der gefährlichsten Gegner die Interessen Mitteleuropas durchkreuzt.

Den rechten Anhaltspunkt zur Beurteilung seiner Schrift und der ganzen hinter ihm stehenden Richtung gibt Bresnitz von Sydakoff damit, daß er die Politik des Deutschen Reiches während des Balkankrieges über die Maßen lobt, wie es schon der bewährteste Feind Deutschlands im österreichischen Reichsrat Dr. Kramar getan hat. Besonders das Wort Bethmann Hollwegs, daß der Kampf zwischen Deutschtum und Slawentum bevorstehe, findet seinen Beifall, und das ist bezeichnend. Denn noch nie zu allen Zeiten ist ein weniger staatsmännisches Wort vor der höchsten Tribüne einer Großmacht gesprochen worden, und der deutsche Kanzler konnte keinen erschreckenderen Beweis erbringen, daß ihm jede Anlage zum Politiker abgeht. Oesterreich mit 24 Millionen Slawen und nur $12\frac{1}{2}$ Millionen Deutschen sollte nach diesem Wort im Namen des Deutschtums den Entscheidungskampf gegen das Allslawentum aufnehmen! War nicht durch einen solchen Ausspruch Oesterreichs ganze Politik gelähmt, konnte Oesterreich von $2/5$ seiner Soldaten fordern, daß sie im Rassentscheidungskampf für die Feinde und gegen ihre Brüder kämpfen sollten!?

Das „Rätsel von Springe" und die Frage der Nibelungen=
treue Deutschlands sei lieber nicht berührt, es herrscht ein wahres
Chaos widerspruchsvoller authentischer Aussagen darüber. Von
unserm Standpunkte hätte es sich nie um den Beweis der „Nibe=
lungentreue" gehandelt, **sondern um die sofortige Ueber=
nahme der Führung Mitteleuropas durch Deutsch=
land selbst**, sobald der Anschlag des Dreiverbandes im Süd=
osten offenbar wurde. Und das war schon im Sommer 1912
der Fall.

Es handelt sich für uns auch nicht um den Panslawismus
oder irgendein anderes Schlagwort. Sondern einzig um die Tat=
sache, daß eine natürliche Interessengemeinschaft aller Völker
zwischen Nordsee und Bagdad besteht und politisch verwirklicht
werden muß, und daß der entstehende Staatenbund allen Glie=
dern, den slawischen, wie den nichtslawischen, innere Selbständig=
keit und friedliche Kulturentwicklung gewährt. Ferner daß dieser
Staatenbund dadurch, daß er England gefährlich werden kann,
sogleich die Freundschaft Englands erwerben wird, das nur
Solche anerkennt, die ihm imponieren, während es den Nach=
giebigen gegenüber sich zu jeder Ausbeutung für berechtigt hält.
Gallische Revanche, englische Rivalität, Panslawismus: alle diese
Schlagwörter verschwinden wie Gespenster im Tageslicht, wenn
ein übermächtiger Staatenbund Mitteleuropas den Frieden des
Erdteils und damit die Welthegemonie Europas, vor allem der
dann entstehenden deutsch=englischen Weltinteressengemeinschaft,
gewährleistet.

Die Passivität Deutschlands aber zieht unausbleiblich den
Vernichtungskampf über Europa herein, der den Amerikanern
und den Gelben den Vorsprung in der Welt verschafft.

Die Forderung, die heute das deutsche Volk an die Regie=
rung des Reiches zu stellen hat, ist also die:

Es muß den leitenden Männern in Wien auf die amtlich
nachdrücklichste Weise klargelegt werden, daß Oesterreich heute

vom Deutschen Reiche nicht als eine Hilfe und Stütze, sondern als eine Lebensgefahr schlimmster Art erkannt wird, da es infolge der gegnerischen Haltung Rumäniens sich selbst kaum nach der Südfront hin ausreichend verteidigen kann und gegen Rußland wehrlos ist. In dieser Lage darf das Deutsche Reich keinen Tag länger verharren, außer es wollte sich selbst zum Untergange verurteilen. Daher muß die Wiener Regierung unverzüglich die Monarchie verwaltungsfähig und wehrfähig machen und unter allen Umständen die Bundesgenossenschaft Rumäniens wieder ermöglichen: durch Erfüllung der Forderung, daß zum mindesten Galizien=Bukowina eine autonome Sonderstellung erhalten und Dalmatien mit Bosnien vereinigt wird, und durch Inkraftsetzung eines befriedigenden Nationalitätengesetzes und Wahlrechtes in Ungarn.

Wenn die Wiener Regierung diesen einzig möglichen Weg zu ihrer eigenen Rettung nicht geht, so muß das Deutsche Reich sich von der Donaumonarchie trennen und zusehen, wie es sich am günstigsten zurechtfinde. Oesterreich ist dann der Aufteilung verfallen.

Es ist aber zu hoffen, daß man in der Hofburg dankbar sein wird für den äußern Druck, der die Beilegung der entsetzlichen Verwirrung im Innern ermöglicht und nach außen hin der Dynastie die Gewähr des Fortbestandes verschafft. Ohne den äußeren Anstoß und Zwang ist die Herbeiführung geordneter Zustände in der Donaumonarchie ohnehin keinem Willen und keiner Gewalt möglich.

Tut dann Wien, was es muß, so wird der Schutz= und Trutzbund beider Reiche untereinander und mit Rumänien, Bulgarien und der Türkei fest geschlossen und die Durchführung der Zollgemeinschaft Mitteleuropas begonnen. Dann macht man sich deutlich bereit, für den Fall eines Angriffs seitens des Dreiverbandes den Engländern in Aegypten sogleich auf den Leib zu rücken, was England sofort aus der Reihe der Feinde ausschaltet. Die andern allesamt aber sind zu unterlegen, um allein einen Krieg zu wagen.

So kann dem deutschen Volke aus schwerster Gefahr vollkommene Sicherheit, aus Ohnmacht Weltmacht, aus Nacht lichter Tag werden, sobald ihm nur die Gnade der Einsicht und des Mutes zu einem Entschlusse zuteil würde.

Wir haben heute selbst die Möglichkeit, die kommenden Ereignisse zu bestimmen, noch in der Hand, wenn wir nicht fragen: was wird werden? sondern: was werden wir tun? Wenn wir selbst Subjekt statt nur Objekt der Geschehnisse zu sein wagen. **Heute noch, solange der Friede herrscht, den ein Zufall zerstören kann, aber nicht länger, sind wir noch die Schmiede unseres Schicksals** und können selbst den Hammer schwingen, den Hammer Thors, aber wenn wir die Stunde versäumen, so bleiben wir Amboß für immer.

>Säume nicht, dich zu erdreisten,
>Wenn die Menge zaudernd schweift —
>Alles kann der Edle leisten,
>Der versteht und rasch ergreift.
>(Ungeheures Getöse verkündet das Herannahen der Sonne.)
>
>Faust II, 1.

www.ingramcontent.com/pod-product-compliance
Lightning Source LLC
Chambersburg PA
CBHW030123240426
43673CB00041B/1382